2023年版

中検準4級・4級 試験問題

[第106・107回] 解答と解説

一般財団法人
日本中国語検定協会 編

白帝社

音声ファイルの再生方法について

■『中検準 4 級・4 級試験問題 2023［第 106・107 回］』の音声ファイル（MP3）は，下記サイトにアクセスし，無料でストリーミングやダウンロードで聞くことができます。

https://www.hakuteisha.co.jp/audio/chuken/j44-2023.html

■ **ストリーミングで聞く場合**（スマートフォン，パソコン，Wi-Fi がある所でおすすめ）:「ストリーミング」の下にあるトラック番号を選択（タッチまたはクリック）すると再生されます。

■ **ダウンロードで聞く場合**（パソコンでおすすめ）:「ダウンロード」の下にあるファイル名を選択（クリック）します。ファイルは ZIP 形式で圧縮された形でダウンロードされます。スマートフォンで行う場合の参考情報は，iv 頁をご覧ください。

■ 発行より年月がたっているものは，ダウンロードのみとなります。

■ 本文中の マークの箇所が音声ファイル（MP3）提供箇所です。会場での受験上の注意を収録したトラック 01，02，および 33（準 4 級）と 43（4 級）は，本書「問題」部分には記していません。

■ 本書と音声は著作権法で保護されています。

ご注意

＊ 音声の再生には，MP3 ファイルが再生できる機器などが別途必要です。

＊ ご使用機器，音声再生ソフトに関する技術的なご質問は，ハードメーカー，ソフトメーカーにお問い合わせください。

ストリーミングやダウンロードがご利用できない場合は CD をお送りします。葉書やメールに，①『中検準 4 級・4 級試験問題 2023［第 106・107 回］』の CD 希望，②お送り先の住所，③氏名を明記の上，下記宛お申し込みください。

171-0014　東京都豊島区池袋 2-65-1　白帝社 CD 係
info@hakuteisha.co.jp

まえがき

私たちの協会はこれまで各回の試験が終わるごとに級別に試験問題の「解答解説」を発行し，また年ごとに試験問題と解答解説を合訂した「年版」を公表してきました。これらは検定試験受験者だけでなく，広く中国語学習者や中国語教育に携わる先生方からも，大きな歓迎を受けてきましたが，ただ主として予約による直接購入制であったため，入手しにくいので一般の書店でも購入できるようにしてほしいという声が多く受験者や学習者から寄せられていました。

その要望に応えるため，「年版」の発行を2013年度実施分より中国語テキストや参考書の発行に長い歴史と実績を有する白帝社に委ねることにしました。「各回版」の方は速報性が求められ，試験終了後直ちに発行しなければならないという制約を有するため，なお当面はこれまでどおり協会が発行し，直接取り扱うこととします。

本書の内容は，回ごとに出題委員会が作成する解答と解説に準じていますが，各回版刊行後に気づいた不備，回ごとの解説の粗密や記述体裁の不統一を調整するとともに，問題ごとに出題のねらいや正解を導くための手順を詳しく示すなど，より学習しやすいものになるよう配慮しました。

本書を丹念に読むことによって，自らの中国語学習における不十分なところを発見し，新しい学習方向を定めるのに役立つものと信じています。中国語学習者のみなさんが，受験準備のためだけでなく，自らの学力を確認するための目安として本書を有効に活用し，学習効果の向上を図られることを願っています。

2023年4月

一般財団法人 日本中国検定協会

本書について

本書は，日本中国語検定協会が2022年度に実施した第106回（2022年6月），第107回（2022年11月）中国語検定試験の問題とそれに対する解答と解説を，実施回ごとに分けて収めたものです。リスニング問題の音声はダウンロードして聴くことができます。

問　題

・試験会場で配布される状態のものに，音声のトラック番号を 03 のように加えています。ただし，会場での受験上の注意を収録した準4級各回のトラック01，02，33と4級各回のトラック01，02，43は記していません。

解答と解説

・問題の最初に，出題のポイントや正解を導くための手順を簡潔に示しています。

・4択式の解答は白抜き数字❶❷❸❹で，記述式の解答は太字で示しています。解説は問題ごとに　　　内に示しています。

・長文問題の右側の数字は，5行ごとの行数を示しています。

・リスニングの長文聴解や，筆記の長文読解の文章中の解答部分，あるいは解答を導く手掛かりとなる箇所には破線-----のアンダーラインを施しています。

・準4級・4級・3級の問題文と選択肢の文すべて（一部誤答は除く）にピンインと日本語訳例を付し，リスニング問題にはピンインと漢字表記および日本語訳を付けています。

・ピンイン表記は原則として《现代汉语词典 第7版》に従っていますが，“不”“一”の声調は変調したものを示しています。

“没有”は動詞はméiyǒu，副詞はméiyouのように表記しています。

軽声と非軽声の2通りの発音がある場合は，原則として軽声の方を採用しています。例：“打算 dǎ·suàn”は dǎsuan，“父亲 fù·qīn”は fùqin，“因为 yīn·wèi”は yīnwei。

方向補語は次の例のように表記しています。

動詞“起”が方向補語“来”を伴う場合の可能・不可能形：“来”は非軽声。

起来 qǐlai ⇨ 起得来 qǐdelái 起不来 qǐbulái
（起き上がる） （起き上がれる） （起き上がれない）

動詞“赶”が方向補語“上”を伴う場合の可能・不可能形：“上”は非軽声。

赶上 gǎnshang ⇨ 赶得上 gǎndeshàng 赶不上 gǎnbushàng
（追いつく） （追いつける） （追いつけない）

複合方向補語“起来”を伴う動詞“拿”の可能・不可能形：“起来”は非軽声。

拿起来 náqilai ⇨ 拿得起来 nádeqǐlái 拿不起来 nábuqǐlái
（手に取る） （手に取れる） （手に取れない）

複合方向補語“起来”の“起”と“来”の間に目的語が置かれる場合：“起”は非軽声，“来”は軽声。

拿起书来 náqǐ shū lai ⇨ 拿得起书来 nádeqǐ shū lai
（本を手に取る） （本を手に取れる）
拿不起书来 nábuqǐ shū lai
（本を手に取れない）

“上来、上去、下来、下去、出来、出去”等はすべて上の例にならう。

・品詞名と術語は次のとおりです。

名詞 動詞 助動詞 形容詞 数詞 量詞（＝助数詞）
数量詞（数詞＋量詞） 代詞（名詞・動詞・形容詞・数量詞・副詞に代わる語） 擬声詞（＝擬声語・擬態語） 副詞 介詞（＝前置詞）
連詞（＝接続詞） 助詞 嘆詞（＝感動詞） 接頭辞 接尾辞

中国語の“状语”は状況語（連用修飾語），“定语”は限定語（連体修飾語）としています。

・音声のトラック番号は，03 のように示し，繰り返しのものを割愛しています。

解答用紙見本

・巻末にマークシート式の解答用紙の見本（70％縮小）があります。記入欄を間違えないように，解答欄の並び方を確認しましょう。

参考情報 スマートフォンで音声ダウンロードと再生を行う手順

https://www.hakuteisha.co.jp/audio/chuken/j44-2023.html

・Android，iPhone：次の手順で再生してください。

① QR コードを読み取るか，ブラウザに URL を入力して，音声ダウンロードページを開きます。

⇩

② ダウンロードしたいものを選択（タッチ）すると，ダウンロードされます。

⇩

③ ダウンロードしたものが保存されている場所を開き，ダウンロードしたものを開きます。

⇩

④ ダウンロードしたファイルを選択し，聞きたいトラック番号を選択して，再生します。

＊スマートフォンの機種や使用アプリ，アプリのバージョンによって操作方法は少し異なることがあります。

目　次

準4級第106回

(2022年6月)

問　題

解答時間：計60分

配点：リスニング50点，筆記50点

解答と解説

リスニング （⇨解答と解説6頁）

03 **1** 1. これから読む(1)～(5)の発音と一致するものを，①～④の中から１つ選びなさい。

（10点）

04 (1) ① dú ② dí ③ dé ④ dá

05 (2) ① xī ② qī ③ sū ④ sī

06 (3) ① ruò ② luò ③ lòu ④ ròu

07 (4) ① yān ② yāng ③ yīn ④ yīng

08 (5) ① hǔ ② fǔ ③ fó ④ hé

09 2. (6)～(10)のピンイン表記と一致するものを，①～④の中から１つ選びなさい。

（10点）

10 (6) zhuōzi ① ② ③ ④

11 (7) fàndiàn ① ② ③ ④

12 (8) fēijī ① ② ③ ④

13 (9) miànbāo ① ② ③ ④

14 (10) xiàyǔ ① ② ③ ④

15 3. (11)～(15)の日本語を中国語で言い表す場合，最も適当なものを，①～④の中から１つ選びなさい。

（10点）

16 (11) あさって ① ② ③ ④

17 (12) フランス ① ② ③ ④

18 (13) 家 ① ② ③ ④

19 (14) 暖かい ① ② ③ ④

20 (15) 電話をかける ① ② ③ ④

21 **2** 1. ⑴～⑸の日本語を中国語で言い表す場合，最も適当なものを，①～④の中から1つ選びなさい。 (10点)

22 ⑴ 5時40分　① ② ③ ④

23 ⑵ 午前　① ② ③ ④

24 ⑶ 380　① ② ③ ④

25 ⑷ 日曜日　① ② ③ ④

26 ⑸ 2か月　① ② ③ ④

27 2. ⑹～⑽のような場合，中国語ではどのように言うのが最も適当か，①～④の中から1つ選びなさい。 (10点)

28 ⑹ 日付をたずねるとき

① ② ③ ④

29 ⑺ 何時に来るかをたずねるとき

① ② ③ ④

30 ⑻ お礼を言われたとき

① ② ③ ④

31 ⑼ もう一度言ってほしいとき

① ② ③ ④

32 ⑽ どこにあるかたずねるとき

① ② ③ ④

筆　記（⇨解答と解説10頁）

3 1. ⑴〜⑸の中国語の正しいピンイン表記を，①〜④の中から1つ選びなさい。

（10点）

⑴ 冷	① rěn	② lǒng	③ lěng	④ rǎng
⑵ 茶	① qià	② chá	③ qiá	④ chà
⑶ 要	① yòu	② yuè	③ yè	④ yào
⑷ 老师	① lóushī	② lǎoxí	③ lǎoshī	④ lóuxí
⑸ 去年	① qùnián	② chíniàng	③ qùniáng	④ chíniàn

2. ⑹〜⑽の日本語の意味になるように空欄を埋めるとき，最も適当なものを，①〜④の中から1つ選びなさい。

（10点）

⑹ 学校の近くにコンビニがあります。

学校附近（　　　）一家便利店。

① 到　　② 要　　③ 在　　④ 有

⑺ わたしは傘を1本買いました。

我买了一（　　　）雨伞。

① 本　　② 双　　③ 把　　④ 张

⑻ わたしの携帯電話はどうですか。

我的手机（　　　）？

① 怎么　　② 怎么样　　③ 什么　　④ 哪个

⑼ この自転車はあなたのですか。

这个自行车是你的（　　　）？

① 吧　　② 了　　③ 呢　　④ 吗

⑽ 兄は四川方言が話せます。

我哥哥（　　　）说四川方言。

① 得　　② 要　　③ 会　　④ 想

3. ⑾～⒂の日本語の意味になるように①～④を並べ替えたときに，［　　］内に入るものを選びなさい。（10点）

⑾ わたしの家は6人家族です。

我家＿＿＿＿ ［＿＿＿＿］ ＿＿＿＿ ＿＿＿＿。

① 人　② 六　③ 有　④ 口

⑿ 彼はきょう学校に来ません。

他＿＿＿＿ ＿＿＿＿ ［＿＿＿＿］ ＿＿＿＿。

① 不　② 学校　③ 来　④ 今天

⒀ あなたはどこで英語を学んでいますか。

你＿＿＿＿ ＿＿＿＿ ［＿＿＿＿］ ＿＿＿＿?

① 英语　② 哪儿　③ 在　④ 学

⒁ 渡辺さんはわたしに日本の歌を教えてくれます。

＿＿＿＿ ＿＿＿＿ ［＿＿＿＿］ ＿＿＿＿。

① 日本歌　② 渡边　③ 我　④ 教

⒂ この服はとても安い。

这＿＿＿＿ ＿＿＿＿ ［＿＿＿＿］ ＿＿＿＿。

① 很　② 件　③ 便宜　④ 衣服

4 ⑴～⑸の日本語の下線部を中国語に訳し，⑴・⑵は1文字，⑶～⑸は2文字の漢字（簡体字）で書きなさい。（漢字は崩したり略したりせずに書くこと。）（20点）

⑴ a 東へ行く。　b 新聞を読む。

⑵ a 花が咲く。　b これは（値段が）高い。

⑶ 質問をする。

⑷ 運動が好きだ。

⑸ わたしはうれしい。

リスニング

1

解答：(1)❹　(2)❹　(3)❷　(4)❶　(5)❶　(6)❸　(7)❷　(8)❶　(9)❹　(10)❷
(11)❷　(12)❶　(13)❹　(14)❹　(15)❷

1. 発音（1 音節）：中国語の発音を正確に聞き取れているかピンインを使って問うています。ピンインは文字としてではなく音と関連付けて覚えるようにしましょう。

（2 点× 5）

04	(1) dá	① dú	② dí	③ dé	❹ **dá**
05	(2) sī	① xī	② qī	③ sū	❹ **sī**
06	(3) luò	① ruò	❷ **luò**	③ lòu	④ ròu
07	(4) yān	❶ **yān**	② yāng	③ yīn	④ yīng
08	(5) hǔ	❶ **hǔ**	② fǔ	③ fó	④ hé

2. 発音（2 音節）：おろそかに聞くと間違えてしまうような音を集めています。それぞれの音の細かな違いを聞き分けられるようにしましょう。　（2 点× 5）

10	(6) zhuōzi	① zuòzi	② zhúzi	❸ **zhuōzi**	④ chāozǐ
11	(7) fàndiàn	① fāngbiàn	❷ **fàndiàn**	③ bā diǎn	④ fángjiān
12	(8) fēijī	❶ **fēijī**	② hēisè	③ féizào	④ héjì
13	(9) miànbāo	① ménpiào	② miánpáo	③ diànbào	❹ **miànbāo**
14	(10) xiàyǔ	① xiáyì	❷ **xiàyǔ**	③ shāyú	④ shàngyī

3. 単語：与えられた日本語に対応する単語またはフレーズの意味を類義，反義，関連語のグループの中から選びます。　(2 点× 5)

16 (11) あさって
① 明天 míngtiān　(あす，あした)
❷ 后天 hòutiān　(あさって)
③ 前天 qiántiān　(おととい)
④ 昨天 zuótiān　(きのう)

17 (12) フランス
❶ 法国 Fǎguó　(フランス)
② 美国 Měiguó　(アメリカ)
③ 英国 Yīngguó　(イギリス)
④ 韩国 Hánguó　(韓国)

18 (13) 家
① 椅子 yǐzi　(いす)
② 包子 bāozi　(パオズ，中華まんじゅう)
③ 孩子 háizi　(子ども)
❹ 房子 fángzi　(家)

19 (14) 暖かい
① 舒服 shūfu　(気分がいい)
② 好喝 hǎohē　(〔飲み物が〕おいしい)
③ 凉快 liángkuai　(涼しい)
❹ 暖和 nuǎnhuo　(暖かい)

20 (15) 電話をかける
① 看电影 kàn diànyǐng　(映画を観る)
❷ 打电话 dǎ diànhuà　(電話をかける)
③ 听音乐 tīng yīnyuè　(音楽を聴く)
④ 做练习 zuò liànxí　(練習問題をする)

2

解答：(1)❹　(2)❷　(3)❸　(4)❷　(5)❶　(6)❹　(7)❸　(8)❷　(9)❸　(10)❷

1. 語句：数字に関する表現を正確に聞き取れるかどうかを問うています。

(2点×5)

22 (1) 5時40分	①	四点五十分	sì diǎn wǔshí fēn	(4時50分)
	②	五点十四分	wǔ diǎn shísì fēn	(5時14分)
	③	四点十五分	sì diǎn shíwǔ fēn	(4時15分)
	❹	五点四十分	wǔ diǎn sìshí fēn	(5時40分)
23 (2) 午前	①	下午	xiàwǔ	(午後)
	❷	上午	shàngwǔ	(午前)
	③	中午	zhōngwǔ	(昼，12時前後)
	④	晚上	wǎnshang	(晩)
24 (3) 380	①	八百三十	bābǎi sānshí	(830)
	②	三百一十八	sānbǎi yīshibā	(318)
	❸	三百八十	sānbǎi bāshí	(380)
	④	三百零八	sānbǎi líng bā	(308)
25 (4) 日曜日	①	星期三	xīngqīsān	(水曜日)
	❷	星期天	xīngqītiān	(日曜日)
	③	星期一	xīngqīyī	(月曜日)
	④	星期四	xīngqīsì	(木曜日)
26 (5) 2か月	❶	两个月	liǎng ge yuè	(2か月)
	②	二月	èryuè	(2月)
	③	两天	liǎng tiān	(2日間)
	④	两个星期	liǎng ge xīngqī	(2週間)

2. 日常用語：あいさつ語ほか日常生活の中で使われる基本的な表現を聞いて理解することができるかどうかを問うています。 (2点×5)

28 (6) 日付をたずねるとき

① 星期几？ Xīngqī jǐ? 何曜日ですか。
② 几个小时？ Jǐ ge xiǎoshí? 何時間ですか。
③ 多长时间？ Duō cháng shíjiān? (時間の長さが) どれくらいですか。
❹ 几月几号？ Jǐ yuè jǐ hào? 何月何日ですか。

29 (7) 何時に来るかをたずねるとき

① 来几个人？ Lái jǐ ge rén? 何人来ますか。
② 几点睡觉？ Jǐ diǎn shuìjiào? 何時に寝ますか。
❸ 几点来？ Jǐ diǎn lái? 何時に来ますか。
④ 有几个？ Yǒu jǐ ge? いくつありますか。

30 (8) お礼を言われたとき

① 太好了！ Tài hǎo le! すばらしい。
❷ 不用谢！ Búyòng xiè! どういたしまして。
③ 对不起！ Duìbuqǐ! ごめんなさい。
④ 欢迎你！ Huānyíng nǐ! ようこそ。

31 (9) もう一度言ってほしいとき

① 请跟我说。 Qǐng gēn wǒ shuō. わたしの後について言ってください。
② 请等一下。 Qǐng děng yíxià. 少し待ってください。
❸ 请再说一遍。 Qǐng zài shuō yí biàn. もう一度言ってください。
④ 请慢点儿说。 Qǐng màn diǎnr shuō. 少しゆっくり話してください。

32 (10) どこにあるかたずねるとき

① 有什么？ Yǒu shénme? 何がありますか。
❷ 在哪儿？ Zài nǎr? どこにありますか。
③ 去哪儿？ Qù nǎr? どこに行きますか。
④ 要什么？ Yào shénme? 何が要りますか。

筆　記

3

解答：(1) ❸　(2) ❷　(3) ❹　(4) ❸　(5) ❶　(6) ❹　(7) ❸　(8) ❷　(9) ❹　(10) ❸
(11) ❷　(12) ❸　(13) ❹　(14) ❸　(15) ❶

1. ピンイン表記：ピンイン表記を理解することは正確な発音を身に付けることでもあります。

(2点×5)

(1) 冷（冷たい）	① rěn	② lǒng	❸ **lěng**	④ rǎng
(2) 茶（茶）	① qià	❷ **chá**	③ qiá	④ chà
(3) 要（要る）	① yòu	② yuè	③ yè	❹ **yào**
(4) 老师（先生）	① lóushī	② lǎoxí	❸ **lǎoshī**	④ lóuxí
(5) 去年（去年）	❶ **qùnián**	② chíniàng	③ qùniáng	④ chíniàn

2. 空欄補充：空欄に入る語はいずれも文法上のキーワードです。

(2点×5)

(6) 学校の近くにコンビニがあります。
学校附近（ 有 ）一家便利店。Xuéxiào fùjìn yǒu yì jiā biànlìdiàn.
① 到 dào　② 要 yào　③ 在 zài　❹ 有 yǒu

「…に…がある」は「場所＋“有”＋人・モノ」の語順で表します。“到”は「(場所に) 到着する」，“要”は「要る」，“在”は「人・モノ＋“在”＋場所」の語順で「…が…にある」という意味です。

(7) わたしは傘を１本買いました。
我买了一（ 把 ）雨伞。Wǒ mǎile yì bǎ yǔsǎn.
① 本 běn　② 双 shuāng　❸ 把 bǎ　④ 张 zhāng

量詞（助数詞）の問題です。傘など取っ手や柄のあるものを数える場合は“把”を用います。“本”は書籍など冊子状のものを，“双”は靴など対になっているものを，“张”は張った平らな面を持つものを数えます。

(8) わたしの携帯電話はどうですか。

我的手机（　怎么样　）？　Wǒ de shǒujī zěnmeyàng?

① 怎么 zěnme　　❷ 怎么样 zěnmeyàng

③ 什么 shénme　　④ 哪个 nǎge

疑問詞の問題です。「どうですか」という状況を問う“怎么样”を選びます。“怎么”は「どのように」，“什么”は「何」，“哪个”は「どれ」という意味です。

(9) この自転車はあなたのですか。

这个自行车是你的（　吗　）？　Zhège zìxíngchē shì nǐ de ma?

① 吧 ba　　② 了 le　　③ 呢 ne　　❹ 吗 ma

語気助詞の問題です。「…か」という疑問を表す“吗”を選びます。“吧”は「…でしょう」という推測を表し，“了”は完了を表し，“呢”は前の文を受けて「…はどうですか？」と聞く場合に用います。

(10) 兄は四川方言が話せます。

我哥哥（　会　）说四川方言。Wǒ gēge huì shuō Sìchuān fāngyán.

① 得 děi　　② 要 yào　　❸ 会 huì　　④ 想 xiǎng

何らかの技能を習得した結果「…できる」という意味を表す“会”を選びます。“得”は「…しなければならない」，“要”は「…する必要がある」，“想”は「…したい」という意味です。

3. 語順選択：与えられた語句を用いて正確に文を組み立てることができるかどうかを問うています。

（2点×5）

(11) わたしの家は6人家族です。

我家　③ 有　［　❷ 六　］　④ 口　① 人。Wǒ jiā yǒu liù kǒu rén.

量詞は「数詞＋量詞＋名詞」の語順で用います。「6人家族」は“六口人”です。所有を表す動詞“有”を用いて「主語＋“有”＋人・モノ」の語順に並べます。

⑿ 彼はきょう学校に来ません。

他　④ 今天　① 不　［　❸ 来　］　② 学校。Tā jīntiān bù lái xuéxiào.

否定を表す“不”は動詞“来”の前に置きます。時間を表す“今天”は，文頭もしくは動詞の前に置きますが，否定文の場合は否定詞の前に置きます。

⒀ あなたはどこで英語を学んでいますか。

你　③ 在　② 哪儿　［　❹ 学　］　① 英语？ Nǐ zài nǎr xué Yīngyǔ?

「…で…する」は「“在”＋場所＋動詞（＋目的語）」の語順です。介詞(前置詞)句“在哪儿”（どこで）は動詞句の前に置きます。

⒁ 渡辺さんはわたしに日本の歌を教えてくれます。

② 渡边　④ 教　［　❸ 我　］　① 日本歌。Dùbiān jiāo wǒ Rìběn gē.

“教”は人とモノ・コトという２つの目的語をとる動詞です。動詞が二重目的語をとる場合は，「…に」に相当する間接目的語（人）を前に，「…を」に相当する直接目的語（モノ・コト）を後に置きます。

⒂ この服はとても安い。

这　② 件　④ 衣服　［　❶ 很　］　③ 便宜。Zhè jiàn yīfu hěn piányi.

衣服は“件”で数えますので「この服」は“这件衣服”です。「(値段が) 安い」は形容詞“便宜”です。形容詞の前に副詞“很”を置きます。

4

解答：⑴ a 东　b 报　⑵ a 开　b 贵　⑶ 问题　⑷ 运动　⑸ 高兴

日文中訳：中国では文字表記に簡体字を用いることが正式に定められています。簡体字の形や画数に注意しましょう。日本の漢字と微妙に，あるいは大きく異なるものが多くありますので，正確に覚えましょう。 （4 点× 5）

⑴ a　東へ行く。　往东走。Wǎng dōng zǒu.

b　新聞を読む。　看报。　Kàn bào.

a “东” は「東」の簡体字です。画数は5画です。2画目を左斜め下に払わないように，字形と筆順に気を付けましょう。

东 dōng（東） 一 𠂇 车 东 东 （5画）

b “报” は「報」の簡体字です。

报 bào（報） 一 十 扌 扌 扌 扌 报 （7画）

⑵ a 花が咲く。 开花。Kāi huā.
b これは（値段が）高い。 这个很贵。Zhège hěn guì.

a “开” は「開」の簡体字です。

开 kāi（開） 一 二 チ 开 （4画）

b “贵” は「貴」の簡体字です。“贝” の部分は4画です。“见” にならないように注意しましょう。

贵 guì（貴） 丶 口 口 中 中 串 贵 贵 贵 （9画）

⑶ 質問をする。 提问题。Tí wèntí.

“问” の筆順は先に点を打ってから，左側の縦棒を書き，次に右側を書いて，最後に中の口を書きます。“题” のつくりに注意しましょう。

问 wèn（問） 丶 丨 门 门 问 问 （6画）

⑷ 運動が好きだ。 喜欢运动。Xǐhuan yùndòng.

“运动” はそれぞれ「運」と「動」の簡体字です。“运” は “云 yún” と発音が近いことからつくられた簡体字です。

运 yùn（運） 一 二 云 云 运 运 运 （7画）

动 dòng（動） 一 二 云 云 动 动 （6画）

(5) わたしはうれしい。　我很高兴。Wǒ hěn gāoxìng.

“兴”は「興」の簡体字です。

兴 xìng（興） 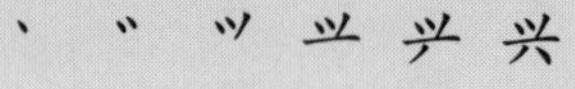 （6 画）

準 4 級第 107 回
(2022 年 11 月)

問　題

解答時間：計 60 分

配点：リスニング 50 点，筆記 50 点

解答と解説

リスニング（⇨解答と解説20頁）

03 **1** 1. これから読む(1)～(5)の発音と一致するものを，①～④の中から１つ選びなさい。

（10点）

04 (1) ① qì ② qù ③ jì ④ jù

05 (2) ① lǚ ② rǔ ③ lǒu ④ lǔ

06 (3) ① duō ② tuō ③ dōu ④ tōu

07 (4) ① zhài ② cài ③ zài ④ chài

08 (5) ① gū ② kū ③ gē ④ kē

09 2. (6)～(10)のピンイン表記と一致するものを，①～④の中から１つ選びなさい。

（10点）

10 (6) zìdiǎn ① ② ③ ④

11 (7) sìjì ① ② ③ ④

12 (8) fúhé ① ② ③ ④

13 (9) xiǎoshí ① ② ③ ④

14 (10) yánsè ① ② ③ ④

15 3. (11)～(15)の日本語を中国語で言い表す場合，最も適当なものを，①～④の中から１つ選びなさい。

（10点）

16 (11) おばあさん ① ② ③ ④

17 (12) 公園 ① ② ③ ④

18 (13) ギョーザ ① ② ③ ④

19 (14) 涼しい ① ② ③ ④

20 (15) 新聞を読む ① ② ③ ④

21 **2** 1. (1)～(5)の日本語を中国語で言い表す場合，最も適当なものを，①～④の中から1つ選びなさい。 (10点)

22 (1) 午後　①　②　③　④

23 (2) おととい　①　②　③　④

24 (3) 木曜日　①　②　③　④

25 (4) 4時10分　①　②　③　④

26 (5) 9元　①　②　③　④

27 2. (6)～(10)のような場合，中国語ではどのように言うのが最も適当か，①～④の中から1つ選びなさい。 (10点)

28 (6) 値段を聞くとき

①　②　③　④

29 (7) 人にあやまるとき

①　②　③　④

30 (8) どこに行くのかをたずねるとき

①　②　③　④

31 (9) 席をすすめるとき

①　②　③　④

32 (10) 家族の人数を聞くとき

①　②　③　④

筆　記 （⇨解答と解説24頁）

3 1. ⑴～⑸の中国語の正しいピンイン表記を，①～④の中から１つ選びなさい。

（10 点）

⑴ 贵　① kuì　② guài　③ gài　④ guì

⑵ 菜　① sài　② cài　③ zhài　④ zài

⑶ 写　① xuě　② xǔ　③ shǎ　④ xiě

⑷ 音乐　① yīngyǔ　② yīyuè　③ yīnyuè　④ yīyuàn

⑸ 学习　① xuéxí　② xiūxi　③ xuèxíng　④ xiāoxi

2. ⑹～⑽の日本語の意味になるように空欄を埋めるとき，最も適当なものを，①～④の中から１つ選びなさい。

（10 点）

⑹ 紙を１枚下さい。
给我一（　　　）纸。
① 个　② 张　③ 本　④ 枚

⑺ あそこに病院があります。
那儿（　　　）一个医院。
① 是　② 放　③ 在　④ 有

⑻ コーヒーを飲みますか。
你喝咖啡（　　　）？
① 吗　② 吧　③ 呢　④ 了

⑼ きのうは寒くなかった。
昨天（　　　）冷。
① 没　② 不是　③ 不　④ 别

⑽ あなたは何を食べますか。
你吃（　　　）？
① 哪里　② 什么　③ 多少　④ 怎么

3. ⑾〜⒂の日本語の意味になるように①〜④を並べ替えたときに，[　　]内に入るものを選びなさい。 (10点)

⑾ わたしたちもみな学生です。

我们＿＿＿＿ ＿＿＿＿ [＿＿＿＿] ＿＿＿＿。

① 都　② 学生　③ 也　④ 是

⑿ あなたは毎日何時に起きますか。

＿＿＿＿ ＿＿＿＿ ＿＿＿＿ [＿＿＿＿]?

① 每天　② 起床　③ 几点　④ 你

⒀ わたしは食堂でごはんを食べます。

＿＿＿＿ [＿＿＿＿] ＿＿＿＿ ＿＿＿＿。

① 吃饭　② 食堂　③ 我　④ 在

⒁ 中国語はそれほど難しくない。

＿＿＿＿ ＿＿＿＿ [＿＿＿＿] ＿＿＿＿。

① 不　② 太　③ 难　④ 汉语

⒂ わたしは電車で通学します。

＿＿＿＿ [＿＿＿＿] ＿＿＿＿ ＿＿＿＿。

① 我　② 上学　③ 电车　④ 坐

4 (1)〜(5)の日本語の下線部を中国語に訳し，(1)・(2)は1文字，(3)〜(5)は2文字の漢字（簡体字）で書きなさい。（漢字は崩したり略したりせずに書くこと。） (20点)

(1) a 本を読む。　　b お金を借りる。

(2) a 道は遠い。　　b 家を買う。

(3) 飛行機に乗る。

(4) 準備する。

(5) ドアを開ける。

リスニング

1

解答：(1) ❷　(2) ❹　(3) ❶　(4) ❸　(5) ❹　(6) ❷　(7) ❸　(8) ❶　(9) ❶　(10) ❹
(11) ❸　(12) ❶　(13) ❹　(14) ❸　(15) ❷

1. 発音（1 音節）：中国語の発音を正確に聞き取れているかピンインを使って問うています。ピンインは文字としてではなく音と関連付けて覚えるようにしましょう。

(2 点× 5)

04 (1) qù	① qì	❷ **qù**	③ jì	④ jù
05 (2) lǔ	① lǚ	② rǔ	③ lǒu	❹ **lǔ**
06 (3) duō	❶ **duō**	② tuō	③ dōu	④ tōu
07 (4) zài	① zhài	② cài	❸ **zài**	④ chài
08 (5) kē	① gū	② kū	③ gē	❹ **kē**

2. 発音（2 音節）：おろそかに聞くと間違えてしまうような音を集めています。それぞれの音の細かな違いを聞き分けられるようにしましょう。　(2 点× 5)

10 (6) zìdiǎn	① cídiǎn	❷ **zìdiǎn**	③ sìdiǎn	④ qīdiǎn
11 (7) sìjì	① sùjì	② sùzhì	❸ **sìjì**	④ sèjì
12 (8) fúhé	❶ **fúhé**	② héfú	③ fūfù	④ héhū
13 (9) xiǎoshí	❶ **xiǎoshí**	② xuéxí	③ shǎoshí	④ xiāoshī
14 (10) yánsè	① yánsù	② yángshù	③ yānsī	❹ **yánsè**

3. 単語：与えられた日本語に対応する単語またはフレーズの意味を類義，反義，関連語のグループの中から選びます。　(2 点 × 5)

16	(11) おばあさん	① 妈妈 māma	(おかあさん)
		② 爷爷 yéye	(おじいさん)
		❸ 奶奶 nǎinai	(おばあさん)
		④ 爸爸 bàba	(おとうさん)
17	(12) 公園	❶ 公园 gōngyuán	(公園)
		② 饭店 fàndiàn	(ホテル，レストラン)
		③ 银行 yínháng	(銀行)
		④ 车站 chēzhàn	(駅，停留所)
18	(13) ギョーザ	① 面包 miànbāo	(パン)
		② 馒头 mántou	(蒸しパン)
		③ 米饭 mǐfàn	(ごはん，米の飯)
		❹ 饺子 jiǎozi	(ギョーザ)
19	(14) 涼しい	① 冷 lěng	(寒い)
		② 热 rè	(暑い)
		❸ 凉快 liángkuai	(涼しい)
		④ 暖和 nuǎnhuo	(暖かい)
20	(15) 新聞を読む	① 看书 kàn shū	(本を読む)
		❷ 看报 kàn bào	(新聞を読む)
		③ 看电影 kàn diànyǐng	(映画を観る)
		④ 看电视 kàn diànshì	(テレビを見る)

2

解答：(1)❶　(2)❸　(3)❶　(4)❹　(5)❸　(6)❸　(7)❹　(8)❶　(9)❷　(10)❷

1. 語句：数字に関する表現を正確に聞き取れるかどうかを問うています。

(2点×5)

22 (1) 午後	❶	**下午**	xiàwǔ	(午後)
	②	上午	shàngwǔ	(午前)
	③	中午	zhōngwǔ	(昼，12時前後)
	④	晚上	wǎnshang	(晩)
23 (2) おととい	①	昨天	zuótiān	(きのう)
	②	今天	jīntiān	(きょう)
	❸	**前天**	qiántiān	(おととい)
	④	明天	míngtiān	(あす，あした)
24 (3) 木曜日	❶	**星期四**	xīngqīsì	(木曜日)
	②	星期六	xīngqīliù	(土曜日)
	③	星期日	xīngqīrì	(日曜日)
	④	星期二	xīngqī'èr	(火曜日)
25 (4) 4時10分	①	四点零四分	sì diǎn líng sì fēn	(4時4分)
	②	十点零四分	shí diǎn líng sì fēn	(10時4分)
	③	十点十分	shí diǎn shí fēn	(10時10分)
	❹	**四点十分**	sì diǎn shí fēn	(4時10分)
26 (5) 9元	①	六元	liù yuán	(6元)
	②	七元	qī yuán	(7元)
	❸	**九元**	jiǔ yuán	(9元)
	④	十元	shí yuán	(10元)

2. 日常用語：あいさつ語ほか日常生活の中で使われる基本的な表現を聞いて理解することができるかどうかを問うています。（2点×5）

28 (6) 値段を聞くとき

① 多少天？ Duōshao tiān? 何日間ですか。
② 多少年？ Duōshao nián? 何年ですか。
❸ 多少钱？ Duōshao qián? いくらですか。
④ 多少人？ Duōshao rén? 何人ですか。

29 (7) 人にあやまるとき

① 辛苦了！ Xīnkǔ le! お疲れさま。
② 谢谢你！ Xièxie nǐ! ありがとう。
③ 不客气！ Bú kèqi! 遠慮しないで。
❹ 对不起！ Duìbuqǐ! すみません。

30 (8) どこに行くのかをたずねるとき

❶ 你去哪儿？ Nǐ qù nǎr? どこに行くの？
② 你吃什么？ Nǐ chī shénme? 何を食べますか。
③ 你在哪儿？ Nǐ zài nǎr? あなたはどこにいますか。
④ 你要什么？ Nǐ yào shénme? 何が欲しいですか。

31 (9) 席をすすめるとき

① 请进！ Qǐng jìn! お入りください。
❷ 请坐！ Qǐng zuò! おかけください。
③ 请看！ Qǐng kàn! ご覧なさい。
④ 请听！ Qǐng tīng! お聞きなさい。

32 (10) 家族の人数を聞くとき

① 你有几个哥哥？ Nǐ yǒu jǐ ge gēge? お兄さんは何人いますか。
❷ 你家有几口人？ Nǐ jiā yǒu jǐ kǒu rén? 家族は何人ですか。
③ 你家有什么人？ Nǐ jiā yǒu shénme rén? あなたの家はどんな人がいますか。
④ 你家在哪里？ Nǐ jiā zài nǎli? あなたの家はどこにありますか。

筆　記

3

解答：(1)❹　(2)❷　(3)❹　(4)❸　(5)❶　(6)❷　(7)❹　(8)❶　(9)❸　(10)❷
(11)❹　(12)❷　(13)❹　(14)❷　(15)❹

1. ピンイン表記：ピンイン表記を理解することは正確な発音を身に付けることでもあります。　(2点×5)

(1) 贵（値段が高い）	① kuì	② guài	③ gài	❹ **guì**
(2) 菜（料理）	① sài	❷ **cài**	③ zhài	④ zài
(3) 写（書く）	① xuě	② xǔ	③ shǎ	❹ **xiě**
(4) 音乐（音楽）	① yīngyǔ	② yīyuè	❸ **yīnyuè**	④ yīyuàn
(5) 学习（学習する）	❶ **xuéxí**	② xiūxi	③ xuèxíng	④ xiāoxi

2. 空欄補充：空欄に入る語はいずれも文法上のキーワードです。　(2点×5)

(6) 紙を1枚下さい。

给我一（ 张 ）纸。Gěi wǒ yì zhāng zhǐ.

① 个 ge　　❷ 张 zhāng　　③ 本 běn　　④ 枚 méi

量詞の問題です。「紙」や「テーブル」など張った平らな面を持っているものは“张”を用います。“个”は広く「もの」を，“本”は本や辞書など冊子状のものを数えます。“枚”は多くはメダルなど形が小さいものを数えますが，話しことばではあまり用いられません。

(7) あそこに病院があります。

那儿（ 有 ）一个医院。Nàr yǒu yí ge yīyuàn.

① 是 shì　　② 放 fàng　　③ 在 zài　　❹ 有 yǒu

「ある場所に，何かがある，誰かがいる」という存在を表す動詞は“有”です。“是”は「AはBだ」を表す動詞，“放”は「置く」という意味の動詞，“在”は人やモノがどこにいる，あるという所在を表す動詞です。

(8) コーヒーを飲みますか。

你喝咖啡（ 吗 ）? Nǐ hē kāfēi ma?

❶ 吗 ma　　② 吧 ba　　③ 呢 ne　　④ 了 le

よく使われる文末の語気助詞です。諾否疑問文では“吗”を用います。“吧”は推量「…でしょう」あるいは勧誘「…しませんか」を，“呢”は疑問の語気を添えたり現在の状況を確認したりする意味を，“了”は変化あるいは過去を表します。

(9) きのうは寒くなかった。

昨天（ 不 ）冷。Zuótiān bù lěng.

① 没 méi　　② 不是 bú shì　　❸ 不 bù　　④ 别 bié

形容詞の否定は過去のことであっても“不”を用います。“没”は「…ない」，“不是”は「…ではない」，“别”は禁止を表し「…してはいけない」という意味です。

(10) あなたは何を食べますか。

你吃（ 什么 ）? Nǐ chī shénme?

① 哪里 nǎli　　❷ 什么 shénme　　③ 多少 duōshao　　④ 怎么 zěnme

疑問詞の問題です。「何」という意味の“什么”を選びます。“哪里”は「どこ」，“多少”は「いくつ，どれくらい」，“怎么”は「なぜ，どうして」です。

3. 語順選択：与えられた語句を用いて正確に文を組み立てることができるかどうかを問うています。

(2点×5)

(11) わたしたちもみな学生です。

我们 ③ 也 ① 都 ［ ❹ 是 ］ ② 学生。

Wǒmen yě dōu shì xuésheng.

副詞“也”と“都”の語順に注意しましょう。副詞は必ず動詞句あるいは形容詞句の前に置きますが，“也”と“都”を両方使う場合は“也都”の語順とします。

⑿ あなたは毎日何時に起きますか。

④ 你 ① 每天 ③ 几点 ［ ❷ 起床 ］? Nǐ měi tiān jǐ diǎn qǐchuáng?

「毎日何時」は“每天几点”，そのままの語順です。「時間」を限定する表現「状況語」（連用修飾語）は動詞句の前に置きます。

⒀ わたしは食堂でごはんを食べます。

③ 我 ［ ❹ 在 ］ ② 食堂 ① 吃饭。Wǒ zài shítáng chī fàn.

「…で…をする」は「“在”＋場所＋動詞（＋目的語）」の語順です。場所を限定する表現“在食堂”（食堂で）は動詞句“吃饭”（ご飯を食べる）の前に置きます。

⒁ 中国語はそれほど難しくない。

④ 汉语 ① 不 ［ ❷ 太 ］ ③ 难。Hànyǔ bú tài nán.

「それほど…でない」という部分否定は，形容詞の前に“不太”を用います。否定詞“不”と程度副詞“太”の位置が重要です。否定詞を程度副詞の前に置くと部分否定，程度副詞を否定詞の前に置くと「非常に…でない」という全部否定です。

⒂ わたしは電車で通学します。

① 我 ［ ❹ 坐 ］ ③ 电车 ② 上学。Wǒ zuò diànchē shàngxué.

「電車で通学する」は“坐电车”（電車に乗って）と“上学”（通学する）という2つの動詞句をつなげる連動文で表現します。動作の起こる順に並べ，前の動詞句が後ろの動詞句の「方法・手段」を表す場合や後ろの動詞句が前の動詞句の目的を表す場合などがあります。

4

解答：(1) a 书　b 钱　(2) a 远　b 买　(3) 飞机　(4) 准备　(5) 开门

日文中訳：中国では文字表記に簡体字を用いることが正式に定められています。簡体字の形や画数に注意しましょう。日本の漢字と微妙に，あるいは大きく異なるものが多くありますので，正確に覚えましょう。　(4 点 × 5)

(1) a　本を読む。　看书。Kàn shū.
　b　お金を借りる。　借钱。Jiè qián.

a「本」は“书”で，“本 běn”ではありません。“书”は「書」の簡体字で 4 画です。書き順に気をつけましょう。

书 shū（書）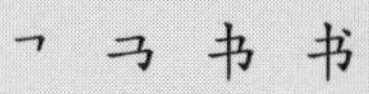　(4 画)

b「お金」は“钱”，簡体字は「金偏」が 5 画に省略され，つくりの横線が常用漢字より 1 本少なく 2 本であることに注意しましょう。

钱 qián（銭）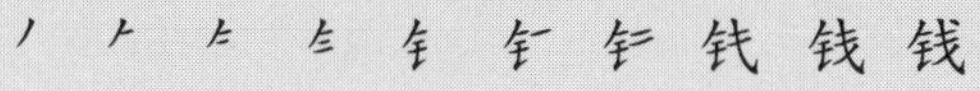　(10 画)

(2) a　道は遠い。　路（很）远。Lù (hěn) yuǎn.
　b　家を買う。　买房子。Mǎi fángzi.

a “远”は「遠」の簡体字です。つくりが日本の漢字と異なります。“元 yuán”と発音が近いことからつくられた簡体字です。

远 yuǎn（遠）　(7 画)

b “买”は「買」の簡体字です。“头”の部分の 2 つの点は横ではなく，縦に並べます。

买 mǎi（買）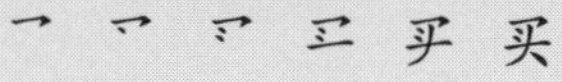　(6 画)

(3) 飛行機に乗る。　坐飞机。Zuò fēijī.

“飞”は「飛」の，“机”は「機」の簡体字です。ともに大胆に簡略化されているので注意しましょう。

飞 fēi（飛） ⺄ 飞 飞 （3 画）

⑷ 準備する。 准备。Zhǔnbèi.

“准”は「にすい」です。“备”は日本語の常用漢字にはありません。

备 bèi（備） ノ ク 夂 夂 各 各 备 备 （8 画）

⑸ ドアを開ける。 开门。Kāi mén.

“开”は「開」の簡体字ですが「もんがまえ」がありません。“门”は「門」の簡体字です。「丶」を先に打ってから右の「𠃌」を書きます。

开 kāi（開） 一 二 チ 开 （4 画）

门 mén（門） 丶 丨 门 （3 画）

4級第106回

(2022年6月)

問　題

解答時間：計100分

配点：リスニング100点，筆記100点

解答と解説

リスニング （⇨解答と解説39頁）

03 **1** ⑴～⑽の問いの答えとして最も適当なものを，①～④の中から１つ選びなさい。

（50 点）

04 ⑴

① ② ③ ④

05 ⑵

① ② ③ ④

06 ⑶

① ② ③ ④

07 ⑷

① ② ③ ④

08 ⑸

① ② ③ ④

09 ⑹

① ② ③ ④

10 ⑺

① ② ③ ④

11 ⑻

① ② ③ ④

12 ⑼

① ② ③ ④

13 ⑽

① ② ③ ④

14 **2** 中国語を聞き，(1)～(10)の問いの答えとして最も適当なものを，①～④の中から１つ選びなさい。 (50点)

15
22

16
23

17 (1) 铃木暑假想做什么？

24 ① ② ③ ④

18 (2) 铃木想学什么外语？

25 ① ② ③ ④

19 (3) 铃木学习多长时间？

26 ① ② ③ ④

20 (4) 星期几有课？

27 ① ② ③ ④

21 (5) 铃木的学费多少钱？

28 ① ② ③ ④

29

36

30

37

⑹～⑽の問いは音声のみで，文字の印刷はありません。

31 ⑹

38 ① ② ③ ④

32 ⑺

39 ① ② ③ ④

33 ⑻

40 ① ② ③ ④

34 ⑼

41 ① ② ③ ④

35 ⑽

42 ① ② ③ ④

筆　記 （⇨解答と解説48頁）

1 1．(1)～(5)の中国語①～④の中から，声調の組み合わせが他と異なるものを1つ選びなさい。 (10点)

(1) ① 宿舍　② 教室　③ 爱好　④ 地铁

(2) ① 老师　② 礼物　③ 雨衣　④ 好吃

(3) ① 时间　② 词典　③ 苹果　④ 游泳

(4) ① 包子　② 休息　③ 放假　④ 关系

(5) ① 身体　② 商店　③ 高兴　④ 医院

2．(6)～(10)の中国語の正しいピンイン表記を，①～④の中から1つ選びなさい。 (10点)

(6) 公司　① kòngxǐ　② gōngsī　③ kòngsī　④ gōngxǐ

(7) 电影　① dēngyìn　② diànyìn　③ diànyǐng　④ dēngyǐng

(8) 杂志　① zázhì　② zhàjí　③ zhàzhì　④ zájí

(9) 当然　① tāngrán　② dāngzán　③ tāngzán　④ dāngrán

(10) 方便　① hángbiàn　② fāngbiàn　③ hángběn　④ fāngběn

2 ⑴～⑽の中国語の空欄を埋めるのに最も適当なものを，①～④の中から１つ選びなさい。 (20点)

⑴ 我昨天买了一（　　　）鞋。

① 张　② 块　③ 双　④ 把

⑵ 我明天（　　　）弟弟去公园。

① 跟　② 在　③ 从　④ 到

⑶ 你想买（　　　）词典？

① 什么　② 怎么　③ 这么　④ 多么

⑷ 我（　　　）没写完作业呢。

① 再　② 还　③ 又　④ 就

⑸ 他们是从今年4月开始学国际经济（　　　）。

① 得　② 吗　③ 了　④ 的

⑹ 这里的风景真美，明年我一定（　　　）来。

① 没　② 不　③ 再　④ 又

⑺ 我们学校（　　　）车站很远，很不方便。

① 从　② 离　③ 在　④ 对

⑻ 我妹妹没去（　　　）法国。

① 了　② 的　③ 得　④ 过

⑼ 请问，在哪儿（　　　）入学手续？

① 办　② 做　③ 干　④ 打

⑽ 没有时间，今天你们不（　　　）去富士山了。

① 会　② 能　③ 得　④ 可以

3 1．(1)～(5)の日本語の意味に合う中国語を，①～④の中から１つ選びなさい。

(10 点)

(1) わたしはスーパーに買い物に行きたい。

① 我去超市想买东西。

② 我想去超市买东西。

③ 我买东西超市想去。

④ 我想买东西超市去。

(2) 兄はわたしより 3 歳年上です。

① 哥哥比我三岁大。

② 哥哥三岁大比我。

③ 哥哥比我大三岁。

④ 哥哥三岁比我大。

(3) わたしは留学生に日本料理をたくさん作ってあげた。

① 我给留学生做了很多日本菜。

② 我做很多日本菜给留学生了。

③ 我给留学生很多日本菜做了。

④ 我做给留学生日本菜很多了。

(4) 北海道の夏はここと同じですか。

① 这儿的夏天一样不一样和北海道?

② 北海道的夏天一样不一样和这儿?

③ 和北海道一样这儿的夏天不一样?

④ 北海道的夏天和这儿一样不一样?

(5) この映画はわたしは 3 回観たことがあります。

① 这个电影我三次看过。

② 这个电影我看过三次。

③ 我这个电影三次看过。

④ 我三次看过这个电影。

2. ⑹～⑽の日本語の意味になるように①～④を並べ替えたときに，［　　］内に入るものを選びなさい。 (10点)

⑹ 土曜日，うちに遊びにいらっしゃい。

星期六________ [________] ________ ________吧。

① 我家　② 你们　③ 玩儿　④ 来

⑺ 彼は毎日寝るのが遅い。

他________ ________ [________] ________。

① 得　② 很晚　③ 每天　④ 睡

⑻ わたしは王さんと一緒に茶道を学んでいます。

我________ [________] ________ ________。

① 茶道　② 学　③ 一起　④ 和小王

⑼ ことしは去年ほど忙しくありません。

________ [________] ________ ________。

① 忙　② 没有　③ 今年　④ 去年

⑽ 外はまだ雨が降っています。

________ ________ ________ [________]呢。

① 还　② 外面　③ 下着　④ 雨

4 次の文章を読み，(1)～(6)の問いの答えとして最も適当なものを，①～④の中から1つ選びなさい。 (20点)

乒乓球[(1)]英国诞生，是从网球发展来的，欧洲人现在还把乒乓球叫作“桌上的网球”。19世纪末，网球在欧洲十分流行。不过，打网球需要很大的场地，刮风、下雨的时候，又不[(2)]去室外打。有些大学生就在室内的桌子上用书本打着玩儿。后来觉得在桌子上打的时候，网球太重，就发明[(3)]空心的乒乓球和球拍[注]。当时的球拍中间是空的，两边贴着羊皮纸，打球[(4)]时候发出“ping-pang”的声音，因此，一个商人把自己生产的球叫作“Ping-Pang”。从那以后，“桌上的网球”有了一个新名字，音译成汉语就成了“乒乓球”。

乒乓球先传到了日本。1904年，一个中国文具店的老板从日本买了10套乒乓球器材运到了上海。和网球比，乒乓球占地小，器材也便宜，[(5)]很快在中国流行起来，成了一项人们喜爱的体育运动。

(注) 球拍：ラケット

(1) 空欄(1)を埋めるのに適当なものはどれか。
① 到　② 有　③ 在　④ 是

(2) 空欄(2)を埋めるのに適当なものはどれか。
① 能　② 用　③ 得　④ 要

(3) 空欄(3)を埋めるのに適当なものはどれか。
① 着　② 完　③ 过　④ 了

(4) 空欄(4)を埋めるのに適当なものはどれか。
① 地　② 的　③ 得　④ 着

(5) 空欄(5)を埋めるのに適当なものはどれか。
① 为了　② 因为　③ 如果　④ 所以

⑹ 本文の内容と**一致しないもの**はどれか。

① 最早的球拍是用羊皮纸做的。

② 19 世纪末流行在室内打网球。

③ “乒乓”是描写声音的。

④ 日本的乒乓球运动比中国早。

5 ⑴〜⑸の日本語を中国語に訳し，漢字（簡体字）で書きなさい。
（漢字は崩したり略したりせずに書き，文中・文末には句読点や疑問符をつけること。）

（20 点）

⑴ あなたはあした行きますか，それともあさって行きますか。

⑵ わたしには中国人の友人が 3 人います。

⑶ あなたたちはどこで晩ごはんを食べますか。

⑷ 彼女はきのうテレビを見ませんでした。

⑸ きょうは何時に家に帰りますか。

リスニング

1 会　話

解答：(1) ❸　(2) ❶　(3) ❷　(4) ❹　(5) ❶　(6) ❸　(7) ❹　(8) ❷　(9) ❶　(10) ❸

日常会話でよく使われる問いに対し，正確に答えることができるかどうかを問うています。 (5点× 10)

04 (1) 問：你父亲在哪儿工作?
Nǐ fùqin zài nǎr gōngzuò?
お父さんはどちらにお勤めですか。

答：① 他去了邮局。
Tā qùle yóujú.
父は郵便局へ行きました。

② 他在超市买东西。
Tā zài chāoshì mǎi dōngxi.
父はスーパーで買い物をしています。

❸ 他在银行工作。
Tā zài yínháng gōngzuò.
父は銀行に勤めています。

④ 他的工作很忙。
Tā de gōngzuò hěn máng.
父の仕事は忙しいです。

05 (2) 問：小王什么时候来日本?
Xiǎo Wáng shénme shíhou lái Rìběn?
王さんはいつ日本に来ますか。

答：❶ 他明年夏天来日本。
Tā míngnián xiàtiān lái Rìběn.
彼は来年の夏日本に来ます。

② 他是去年七月回的日本。
Tā shì qùnián qīyuè huí de Rìběn.
彼は昨年7月に日本へ帰りました。

③ 他今年冬天从日本来。
Tā jīnnián dōngtiān cóng Rìběn lái.
彼はことしの冬日本から来ます。

④ 他今年八月从日本回去。
Tā jīnnián bāyuè cóng Rìběn huíqu.
彼はことし8月に日本から帰ります。

06 (3) 問：你经常看什么书?
Nǐ jīngcháng kàn shénme shū?
あなたはふだんどんな本を読みますか。

答：① 我不常看电视。
Wǒ bù cháng kàn diànshì.
わたしはあまりテレビを見ません。

❷ **我经常看小说。**
Wǒ jīngcháng kàn xiǎoshuō.
わたしはよく小説を読みます。

③ 我昨天看了一本杂志。
Wǒ zuótiān kànle yì běn zázhì.
わたしはきのう雑誌を読みました。

④ 她正在看漫画。
Tā zhèngzài kàn mànhuà.
彼女はちょうど漫画を読んでいるところです。

07 (4) 問：你听过中国歌吗？
Nǐ tīngguo Zhōngguó gē ma?
あなたは中国の歌を聞いたことがありますか。

答：① 我想听中国歌。
Wǒ xiǎng tīng Zhōngguó gē.
わたしは中国の歌を聞きたいです。

② 我不想看这个电影。
Wǒ bù xiǎng kàn zhège diànyǐng.
わたしはこの映画を観たくありません。

③ 我听过他说的话。
Wǒ tīngguo tā shuō de huà.
わたしは彼の話を聞いたことがあります。

❹ **我听过很多次。**
Wǒ tīngguo hěn duō cì.
わたしは何度も聞いたことがあります。

08 (5) 問：她有哥哥吗？
Tā yǒu gēge ma?
彼女にはお兄さんがいますか。

答：❶ **有，她有两个哥哥。**
Yǒu, tā yǒu liǎng ge gēge.
います，彼女にはお兄さんが2人います。

② 有，她有一个妹妹。
Yǒu, tā yǒu yí ge mèimei.
います，彼女には妹さんが1人います。

③ 没有，她没有姐姐。
Méiyǒu, tā méiyǒu jiějie.
いません，彼女にはお姉さんはいません。

④ 没有，我没有哥哥。
Méiyǒu, wǒ méiyǒu gēge.
いません，わたしには兄はいません。

09 (6) 問：你喜欢喝红茶，还是喜欢喝咖啡？
Nǐ xǐhuan hē hóngchá, háishi xǐhuan hē kāfēi?
あなたは紅茶が好きですか，それともコーヒーが好きですか。

答：① 他很喜欢喝咖啡。
Tā hěn xǐhuan hē kāfēi.
彼はコーヒーが好きです。

② 我不太喜欢喝乌龙茶。
Wǒ bú tài xǐhuan hē wūlóngchá.
わたしはウーロン茶があまり好きではありません。

❸ **我喜欢喝红茶。**
Wǒ xǐhuan hē hóngchá.
わたしは紅茶が好きです。

④ 我妈妈不喜欢喝红茶。
Wǒ māma bù xǐhuan hē hóngchá.
母は紅茶が好きではありません。

10 (7) 問：田中会打篮球吗？
Tiánzhōng huì dǎ lánqiú ma?
田中さんはバスケットボールができますか。

答：① 他会说。
Tā huì shuō.
彼は話すことができます。

② 他不会打网球。
Tā bú huì dǎ wǎngqiú.
彼はテニスができません。

③ 我会打棒球。
Wǒ huì dǎ bàngqiú.
わたしは野球ができます。

❹ **他会打。**
Tā huì dǎ.
彼はできます。

11 (8) 問：这台电脑多少钱？
Zhè tái diànnǎo duōshao qián?
このパソコンはいくらですか。

答：① 这是我的电脑。
Zhè shì wǒ de diànnǎo.
これはわたしのパソコンです。

❷ **七千五百元。**
Qīqiān wǔbǎi yuán.
7500 元です。

③ 这种手机五千三百元。
Zhè zhǒng shǒujī wǔqiān sānbǎi yuán.
この携帯電話は 5300 元です。

④ 日本的电脑很便宜。
Rìběn de diànnǎo hěn piányi.
日本のパソコンはとても安いです。

12 (9) 問：你们想去哪个国家？
Nǐmen xiǎng qù nǎge guójiā?
あなたたちはどの国に行きたいですか。

答：❶ **我们想去中国。**
Wǒmen xiǎng qù Zhōngguó.
わたしたちは中国に行きたいです。

② 我们去过两次韩国。
Wǒmen qùguo liǎng cì Hánguó.
わたしたちは2度韓国に行ったことがあります。

③ 我们想吃中国菜。
Wǒmen xiǎng chī Zhōngguó cài.
わたしたちは中国料理を食べたいです。

④ 我不想去美国。
Wǒ bù xiǎng qù Měiguó.
わたしはアメリカに行きたくありません。

13 ⑽ 問：你是几点起床的?
Nǐ shì jǐ diǎn qǐchuáng de?
あなたは何時に起きたのですか。

答：① 我是七月去的。
Wǒ shì qīyuè qù de.
わたしは7月に行きました。

② 我的生日是二月七号。
Wǒ de shēngrì shì èryuè qī hào.
わたしの誕生日は2月7日です。

❸ 我是六点半起床的。
Wǒ shì liù diǎn bàn qǐchuáng de.
わたしは6時半に起きました。

④ 我今天是八点吃的早饭。
Wǒ jīntiān shì bā diǎn chī de zǎofàn.
わたしはきょう8時に朝ごはんを食べました。

2 長文聴解

解答：(1)❷ (2)❹ (3)❹ (4)❶ (5)❶ (6)❶ (7)❷ (8)❸ (9)❸ (10)❷

まとまった分量の中国語を理解できるかどうかを問うています。
鈴木さんの夏休みの留学計画です。 (5点×10)

15 A：铃木，暑假你有什么打算? Língmù, shǔjià nǐ yǒu shénme dǎsuan?

B：(1)我想在家里留学。 Wǒ xiǎng zài jiāli liúxué.

A：留学就要去外国。在家里怎么留学呀? Liúxué jiù yào qù wàiguó. Zài jiāli zěnme liúxué ya?

B：就是在家里用因特网学外语。 Jiù shì zài jiāli yòng Yīntèwǎng xué wàiyǔ.

A：原来是用电脑学外语呀！真有意思。 Yuánlái shì yòng diànnǎo xué wàiyǔ ya! Zhēn yǒu yìsi.

B：(2)我打算学英语和汉语。 Wǒ dǎsuan xué Yīngyǔ hé Hànyǔ.

A：学多长时间？ Xué duō cháng shíjiān?

B：(3)三个星期。 Sān ge xīngqī.

16 A：每天都有课吗？ Měi tiān dōu yǒu kè ma?

B：(4)星期六和星期天没有。 Xīngqīliù hé xīngqītiān méiyǒu.

A：要学费吗？ Yào xuéfèi ma?

B：当然要。(5)八万日元。 Dāngrán yào. Bāwàn rìyuán.

A：我也想参加，不过有点儿贵。 Wǒ yě xiǎng cānjiā, búguò yǒudiǎnr guì.

B：那你别学汉语，学英语吧，十天四万日元。 Nà nǐ bié xué Hànyǔ, xué Yīngyǔ ba, shí tiān sìwàn rìyuán.

訳：

A：鈴木さん，夏休みは何をするつもりですか。

B：(1)家で留学したいと思っています。

A：留学は外国に行かなければなりません。家でどうやって留学するのですか。

B：家でインターネットで外国語を勉強するのです。

A：パソコンで外国語を勉強するということだったのですね！実に面白いです。

B：(2)英語と中国語を勉強するつもりです。

A：どれくらい勉強するのですか。

B：(3)3週間です。

A：授業は毎日ありますか。

B：(4)土曜日と日曜日はありません。

A：授業料は必要ですか。

B：もちろんです。(5)8万円です。

A：わたしも参加したいですが，少し高いですね。

B：それでは中国語はやめて，英語だけにしたらどうでしょう，10日間で4万円です。

17 (1) 問：铃木暑假想做什么？
Língmù shǔjià xiǎng zuò shénme?
鈴木さんは夏休みに何をしたいと思っていますか。

答：① 去中国留学。
Qù Zhōngguó liúxué.
中国に留学に行く。

❷ 在家里学外语。 家で外国語を勉強する。
Zài jiāli xué wàiyǔ.

③ 去美国留学。 アメリカに留学する。
Qù Měiguó liúxué.

④ 去外国旅行。 外国旅行に行く。
Qù wàiguó lǚxíng.

18 (2) 問：铃木想学什么外语？ 鈴木さんは何語を学ぼうと思っていますか。
Língmù xiǎng xué shénme wàiyǔ?

答：① 英语和韩语。 Yīngyǔ hé Hányǔ. 英語と韓国語。
② 汉语和韩语。 Hànyǔ hé Hányǔ. 中国語と韓国語。
③ 英语和法语。 Yīngyǔ hé Fǎyǔ. 英語とフランス語。
❹ 汉语和英语。 Hànyǔ hé Yīngyǔ. 中国語と英語。

19 (3) 問：铃木学习多长时间？ 鈴木さんはどれくらいの期間勉強しますか。
Língmù xuéxí duō cháng shíjiān?

答：① 十天。 Shí tiān. 10 日間。
② 八天。 Bā tiān. 8 日間。
③ 四个星期。 Sì ge xīngqī. 4 週間。
❹ 三个星期。 Sān ge xīngqī. 3 週間。

20 (4) 問：星期几有课？ 何曜日に授業がありますか。
Xīngqī jǐ yǒu kè?

答：❶ 从星期一到星期五。 月曜日から金曜日まで。
Cóng xīngqīyī dào xīngqīwǔ.

② 从星期一到星期六。 月曜日から土曜日まで。
Cóng xīngqīyī dào xīngqīliù.

③ 从星期一到星期天。 月曜日から日曜日まで。
Cóng xīngqīyī dào xīngqītiān.

④ 从星期三到星期六。 水曜日から土曜日まで。
Cóng xīngqīsān dào xīngqīliù.

21 (5) 問：铃木的学费多少钱？ 鈴木さんの授業料はいくらですか。
Língmù de xuéfèi duōshao qián?

答：❶ 八万日元。　Bāwàn rìyuán.　8 万円。
② 十万日元。　Shíwàn rìyuán.　10 万円。
③ 四万日元。　Sìwàn rìyuán.　4 万円。
④ 十四万日元。　Shísìwàn rìyuán.　14 万円。

私が通う東京の大学の紹介と交友関係やアルバイトなど，大学生活の様子です。

29　我现在在东京的大学上学，我们大学有外语系、文学系、经济系、法律系。(6)我是外语系一年级的学生，今年十八岁。我有两个中国朋友。(7)一个叫李明，今年二十岁，是经济系三年级的学生。还有一个叫张丽萍，在文学系，今年四年级。我们经常在一起学习，他们教我汉语，我教他们日语。(8)我们在学校附近的一个便利店打工。

30　我从星期一到星期四打工，(9)每天工作四个小时。星期六有时候去打工，有时候不去。星期天我们都不打工。所以，经常一起出去玩儿。(10)明天是星期天，我们打算一起去书店，然后去看电影。

Wǒ xiànzài zài Dōngjīng de dàxué shàngxué, wǒmen dàxué yǒu wàiyǔ xì、wénxué xì、jīngjì xì、fǎlǜ xì. Wǒ shì wàiyǔ xì yī niánjí de xuésheng, jīnnián shíbā suì. Wǒ yǒu liǎng ge Zhōngguó péngyou. Yí ge jiào Lǐ Míng, jīnnián èrshí suì, shì jīngjì xì sān niánjí de xuésheng. Hái yǒu yí ge jiào Zhāng Lìpíng, zài wénxué xì, jīnnián sì niánjí. Wǒmen jīngcháng zài yìqǐ xuéxí, tāmen jiāo wǒ Hànyǔ, wǒ jiāo tāmen Rìyǔ. Wǒmen zài xuéxiào fùjìn de yí ge biànlìdiàn dǎgōng.

Wǒ cóng xīngqīyī dào xīngqīsì dǎgōng, měi tiān gōngzuò sì ge xiǎoshí. Xīngqīliù yǒu shíhou qù dǎgōng, yǒu shíhou bú qù. Xīngqītiān wǒmen dōu bù dǎgōng. Suǒyǐ, jīngcháng yìqǐ chūqu wánr. Míngtiān shì xīngqītiān, wǒmen dǎsuan yìqǐ qù shūdiàn, ránhòu qù kàn diànyǐng.

訳：わたしは今東京の大学に通っています。わたしたちの大学には外国語学部・文学部・経済学部・法学部があります。(6)わたしは外国語学部の1年生で，ことし18歳です。わたしには中国人の友人が2人います。(7)1人は李明といい，ことし20歳で，経済学部の3年生です。もう1人は張麗萍といい，文学部で，今年4年生です。わたしたちはいつも一緒に勉強していて，彼らはわたしに中国語を教えてくれ，わたしは彼らに日本語を教えています。(8)わたしたちは学校の近くのコンビニでアルバイトをしています。

わたしは月曜日から木曜日まで，(9)毎日4時間アルバイトをしています。土曜日はアルバイトに行くこともあれば，行かないこともあります。日曜日，わたしたちはみなアルバイトをしていません。なので，よく一緒に遊びに行きます。(10)あすは日曜日，わたしたちは一緒に本屋へ行き，それから映画を観に行くつもりです。

31 (6) 問：我是哪个系几年级的学生？　　わたしは何学部の何年生ですか。
Wǒ shì nǎge xì jǐ niánjí de xuésheng?

答：❶ 外语系一年级。　　外国語学部の 1 年生。
Wàiyǔ xì yī niánjí.

② 经济系三年级。　　経済学部の 3 年生。
Jīngjì xì sān niánjí.

③ 文学系四年级。　　文学部の 4 年生。
Wénxué xì sì niánjí.

④ 法律系一年级。　　法学部の 1 年生。
Fǎlǜ xì yī niánjí.

32 (7) 問：李明今年多大？　　李明さんは今年いくつですか。
Lǐ Míng jīnnián duō dà?

答：① 十九岁。　Shíjiǔ suì.　19 歳。

❷ 二十岁。　Èrshí suì.　20 歳。

③ 二十一岁。　Èrshiyī suì.　21 歳。

④ 十八岁。　Shíbā suì.　18 歳。

33 (8) 問：我们在哪儿打工？　　わたしたちはどこでアルバイトをしていますか。
Wǒmen zài nǎr dǎgōng?

答：① 在大学。　Zài dàxué.　大学で。

② 在书店。　Zài shūdiàn.　本屋で。

❸ 在便利店。　Zài biànlìdiàn.　コンビニで。

④ 在电影院。　Zài diànyǐngyuàn.　映画館で。

34 (9) 問：我每天工作几个小时？　　わたしは毎日何時間働きますか。
Wǒ měi tiān gōngzuò jǐ ge xiǎoshí?

答：① 两个小时。　Liǎng ge xiǎoshí.　2 時間。

② 三个小时。 Sān ge xiǎoshí. 3時間。

❸ 四个小时。 Sì ge xiǎoshí. 4時間。

④ 十个小时。 Shí ge xiǎoshí. 10時間。

35 ⑽ 問：我们明天打算做什么？ わたしたちはあした何をするつもりですか。
Wǒmen míngtiān dǎsuan zuò shénme?

答：① 一起学习。 一緒に勉強する。
Yìqǐ xuéxí.

❷ 去书店，然后看电影。 本屋に行き，それから映画を観る。
Qù shūdiàn, ránhòu kàn diànyǐng.

③ 在便利店打工。 コンビニでアルバイトをする。
Zài biànlìdiàn dǎgōng.

④ 在学校看书。 学校で本を読む。
Zài xuéxiào kàn shū.

筆　記

1 ピンイン表記・声調

解答：(1)❹　(2)❷　(3)❶　(4)❸　(5)❶　(6)❷　(7)❸　(8)❶　(9)❹　(10)❷

1．2音節の単語の声調パターンが身に付いているかどうかを問うています。声調パターンは97頁の「2音節語の声調の組み合わせ」を繰り返し音読して身に付けましょう。　(2点×5)

(1) ① 宿舍 sùshè　(寮)
② 教室 jiàoshì　(教室)
③ 爱好 àihào　(趣味)
❹ 地铁 dìtiě　(地下鉄)

(2) ① 老师 lǎoshī　(先生)
❷ 礼物 lǐwù　(プレゼント)
③ 雨衣 yǔyī　(レインコート)
④ 好吃 hǎochī　(〔食べ物が〕おいしい)

(3) ❶ 时间 shíjiān　(時間)
② 词典 cídiǎn　(辞書)
③ 苹果 píngguǒ　(リンゴ)
④ 游泳 yóuyǒng　(泳ぐ)

(4) ① 包子 bāozi　(パオズ，中華まんじゅう)
② 休息 xiūxi　(休む)
❸ 放假 fàngjià　(休みになる)
④ 关系 guānxi　(関係)

(5) ❶ 身体 shēntǐ　(体)
② 商店 shāngdiàn　(商店)
③ 高兴 gāoxìng　(うれしい)
④ 医院 yīyuàn　(病院)

2. ピンインを正確に覚えているかどうかを問うています。正しく発音することができるかどうかは，ピンインによるチェックが効果的です。 (2点×5)

(6) 公司（会社）

① kòngxǐ　**❷ gōngsī**　③ kòngsī　④ gōngxǐ

(7) 电影（映画）

① dēngyìn　② diànyìn　**❸ diànyǐng**　④ dēngyǐng

(8) 杂志（雑誌）

❶ zázhì　② zhàjí　③ zhàzhì　④ zájí

(9) 当然（当然だ）

① tāngrán　② dāngzán　③ tāngzán　**❹ dāngrán**

(10) 方便（便利だ）

① hángbiàn　**❷ fāngbiàn**　③ hángběn　④ fāngběn

2 空欄補充

解答：(1)❸ (2)❶ (3)❶ (4)❷ (5)❹ (6)❸ (7)❷ (8)❹ (9)❶ (10)❷

空欄に入る語はいずれも文法上のキーワードです。 (2点×10)

(1) 我昨天买了一（ 双 ）鞋。　わたしはきのう靴を1足買いました。
Wǒ zuótiān mǎile yì shuāng xié.

① 张 zhāng　② 块 kuài　❸ 双 shuāng　④ 把 bǎ

量詞（助数詞）の問題です。靴や箸など対になっているものを数える場合は“双”を用います。“张”は張った平らな面を持つものを，“块”はかたまり状や片状のものを，“把”は取っ手や柄など握る部分のあるものを数えます。

(2) 我明天（ 跟 ）弟弟去公园。　わたしはあした弟と公園へ行きます。
Wǒ míngtiān gēn dìdi qù gōngyuán.

❶ 跟 gēn　② 在 zài　③ 从 cóng　④ 到 dào

介詞（前置詞）の問題です。後の“弟弟”から，行動を共にする相手を示す“跟”を選びます。“在”はある動作を行う場所を示す「…で」，“从”はある場所・時間の起点を示す「…から」，“到”は動作の到達点を示す「…まで」に相当します。

⑶ 你想买（ 什么 ）词典？ Nǐ xiǎng mǎi shénme cídiǎn?
あなたは何の辞書を買いたいのですか。

❶ 什么 shénme　② 怎么 zěnme　③ 这么 zhème　④ 多么 duōme

後の“词典”から，名詞の前に置き「何の」という意味を表す“什么”を選びます。“怎么”は動詞の前に置き方法や理由について「どうやって，どうして」，“这么”は「このように」，“多么”は疑問文で用いる場合は「どれほど，どのくらい」という意味です。

⑷ 我（ 还 ）没写完作业呢。 Wǒ hái méi xiěwán zuòyè ne.
わたしはまだ宿題をし終わっていません。

① 再 zài　❷ 还 hái　③ 又 yòu　④ 就 jiù

副詞の問題です。後の“没写完”から，動作の未完了や状態の未変化を表す「まだ」という意味の“还”を選びます。“再”は未来の時点における動作の繰り返しを表す「また，再び」，“又”は実現済みの動作の繰り返しを表す「また，再び」，“就”は「すぐに，間もなく」動作が行われることを表します。

⑸ 他们是从今年 4 月开始学国际经济（ 的 ）。 Tāmen shì cóng jīnnián sìyuè kāishǐ xué guójì jīngjì de.
彼らはことし 4 月から国際経済を学び始めたのです。

① 得 de　② 吗 ma　③ 了 le　❹ 的 de

助詞の問題です。主語の後ろに“是”があることからすでに行われた動作について時間・場所・方法などを強調する“是…的”構文を用います。“得”は「動詞＋“得”＋形容詞」の語順で「…のやり方が…だ」と動作の様子や程度がどのようであるかを表し，“吗”は文末に置いて疑問を表し，“了”は動詞・形容詞の後に置き，動作・行為の実現や完了，変化を表します。

(6) 这里的风景真美，明年我一定（ 再 ）来。Zhèli de fēngjǐng zhēn měi, míngnián wǒ yídìng zài lái.

ここの風景は本当にきれいですね。来年わたしはきっとまた来ます。

① 没 méi　② 不 bù　❸ 再 zài　④ 又 yòu

副詞の問題です。“明年”に注目し，“一定来”と繰り返しの動作をこれから行うので「再び，もう一度」という意味の“再”を選びます。“没”は「…しなかった（…したという事実はない）」，“不”は「…しない」，“又”は実現済みの同じ動作や行為をもう一度行ったことに対して「また，再び」という意味を表します。

(7) 我们学校（ 离 ）车站很远，很不方便。Wǒmen xuéxiào lí chēzhàn hěn yuǎn, hěn bù fāngbiàn.

わたしたちの学校は駅から遠いので，不便です。

① 从 cóng　❷ 离 lí　③ 在 zài　④ 对 duì

介詞の問題です。空間的・時間的な隔たりの基点を導く“离”を用い，「A＋“离”＋B＋形容詞」で「AはBから…だ」という意味を表します。“从”はある場所・時間の起点を示す「…から」，“在”はある動作を行う場所を示す「…で」，“对”は動作の対象を示す「…に（向かって）」という意味です。

(8) 我妹妹没去（ 过 ）法国。Wǒ mèimei méi qùguo Fǎguó.

妹はフランスに行ったことがありません。

① 了 le　② 的 de　③ 得 de　❹ 过 guo

助詞の問題です。「動詞＋“过”」で「…したことがある」という過去の経験を表し，否定形は“没(有)”をその前に置きます。“了”は動作の完了や状況の変化を表し，“的”は名詞の前に用い修飾語を作り，“得”は「動詞＋“得”＋形容詞など」の語順で「…のやり方が…だ」という意味を表します。

(9) 请问，在哪儿（ 办 ）入学手续？Qǐngwèn, zài nǎr bàn rùxué shǒuxù?

すみません，どこで入学手続きをしますか。

❶ 办 bàn　② 做 zuò　③ 干 gàn　④ 打 dǎ

「する，やる」に相当する形式動詞と名詞の組み合わせの問題です。“入学手续”が続いているので，「入学手続きを行う」という意味になる“办”を選びます。“办手续”は常用の組み合わせです。“做”は「(ある活動を）する，行う」，“干”は「(仕事などを）する」，“打”は「(スポーツなどを）する」という意味です。

⑽ 没有时间，今天你们不（ 能 ）去富士山了。
Méiyǒu shíjiān, jīntiān nǐmen bù néng qù Fùshì Shān le.
時間がないので，きょうあなたがたは富士山に行けなくなりました。

① 会 huì　❷ 能 néng　③ 得 děi　④ 可以 kěyǐ

助動詞の問題です。時間がなくて行けなくなったことを述べているので「(条件的に）…できる」という意味を表す“能”を選びます。“会”は「(練習して)…できる」あるいは「…するはずだ」という意味です。“得”は「…しなければならない」と必要性を，“可以”は「…してもよい」と許可を表します。

3 語順選択

解答：(1)❷　(2)❸　(3)❶　(4)❹　(5)❷　(6)❹　(7)❶　(8)❸　(9)❷　⑽❹

1．文法上のキーワードを含む基本的な文を正確に組み立てることができるかどうかを問うています。　(2点×5)

(1) わたしはスーパーに買い物に行きたい。
① 我去超市想买东西。
❷ 我想去超市买东西。Wǒ xiǎng qù chāoshì mǎi dōngxi.
③ 我买东西超市想去。
④ 我想买东西超市去。

実際に動作を行う順に並べます。「スーパーに買い物に行く」は「スーパーに行って買い物をする」と考え，“去超市买东西”とします。“想”は願望を表す助動詞で，述部である「したい」ことの前に置きます。

(2) 兄はわたしより3歳年上です。

① 哥哥比我三岁大。

② 哥哥三岁大比我。

❸ **哥哥比我大三岁。** Gēge bǐ wǒ dà sān suì.

④ 哥哥三岁比我大。

「AはBより…だ」は「A＋“比”＋B＋形容詞」です。AとBの間の差を示す場合は「A＋“比”＋B＋形容詞＋差を表す語」の語順です。兄とわたしは「3歳」分の年齢差があるので“比我”の後に形容詞“大”を用い，その後に“三岁”で差を表します。

(3) わたしは留学生に日本料理をたくさん作ってあげた。

❶ **我给留学生做了很多日本菜。**

Wǒ gěi liúxuéshēng zuòle hěn duō Rìběn cài.

② 我做很多日本菜给留学生了。

③ 我给留学生很多日本菜做了。

④ 我做给留学生日本菜很多了。

「日本料理をたくさん作る」は「たくさんの日本料理を作る」と考え，“做很多日本菜”とします。「作った」なので，完了を表す“了”を動詞“做”の後ろに置きます。「…のために…してあげる」は「“给”＋…＋動詞」の語順です。“给”は動作の受け手を導く介詞です。

(4) 北海道の夏はここと同じですか。

① 这儿的夏天一样不一样和北海道?

② 北海道的夏天一样不一样和这儿?

③ 和北海道一样这儿的夏天不一样?

❹ **北海道的夏天和这儿一样不一样?**

Běihǎi Dào de xiàtiān hé zhèr yíyàng bu yíyàng?

「AはBと同じだ」は「A＋“和／跟”＋B＋“一样”」の語順です。反復疑問文は，述語“一样”を“一样不一样”のようにして「肯定＋否定」の形にします。

(5) この映画はわたしは3回観たことがあります。

① 这个电影我三次看过。

❷ 这个电影我看过三次。Zhège diànyǐng wǒ kànguo sān cì.

③ 我这个电影三次看过。

④ 我三次看过这个电影。

経験を表す助詞“过”は動詞の直後に付けます。動作の回数を表すことばは通常，動詞と目的語の間に割り込みます。ただし，人称代名詞が目的語の場合は，“我见过她一次”のように回数の前に置かれるので注意しましょう。「この映画は…」ですので“这个电影”は主題として文頭に置きます。

2. 与えられた語句を用いて正確に文を組み立てることができるかどうかを問うています。 (2点×5)

(6) 土曜日，うちに遊びにいらっしゃい。

星期六　② 你们　[　❹ 来　]　① 我家　③ 玩儿　吧。

Xīngqīliù, nǐmen lái wǒ jiā wánr ba.

連動文は動作の発生順に動詞を並べます。「うちに遊びに来る」は「うちに来て遊ぶ」と考え，“来我家玩儿”とします。主語“你们”は行うことを表す述語，すなわち“来”の前に置きます。

(7) 彼は毎日寝るのが遅い。

他　③ 每天　④ 睡　[　❶ 得　]　② 很晚。

Tā měi tiān shuìde hěn wǎn.

「…するのが…だ」は様態補語を用いて「動詞＋“得”＋形容詞」の語順で表します。時間を表す“每天”は動詞の前に置きます。

(8) わたしは王さんと一緒に茶道を学んでいます。

我　④ 和小王　[　❸ 一起　]　② 学　① 茶道。

Wǒ hé Xiǎo Wáng yìqǐ xué chádào.

「…と一緒に…する」は「“和”＋人＋“一起”＋動詞」です。「王さんと」という動作の相手を導く介詞句“和小王”は動詞（句）の前に置きます。

(9) ことしは去年ほど忙しくありません。

③ 今年 ［ ❷ 没有 ］ ④ 去年 ① 忙。

Jīnnián méiyǒu qùnián máng.

「AはBほど…ではない」という比較文の否定形は「A＋“没有”＋B＋形容詞」の語順で表します。

(10) 外はまだ雨が降っています。

② 外面 ① 还 ③ 下着 ［ ❹ 雨 ］ 呢。

Wàimiàn hái xiàzhe yǔ ne.

自然現象は「動詞＋自然物」の語順で表すので「雨が降る」は“下雨”です。「降っている」という動作の進行を表す場合は動詞の後ろに助詞“着”を置きます。「まだ」という意味の“还”は副詞ですので，動詞の前に置きましょう。

4 長文読解

解答：(1)❸ (2)❶ (3)❹ (4)❷ (5)❹ (6)❷

まとまった内容の長文を正確に理解できるかどうかを問うています。

乒乓球 (1)在 英国诞生，是从网球发展来的，欧洲人现在还把乒乓球叫作“桌上的网球”。(6)19 世纪末，网球在欧洲十分流行。不过，打网球需要很大的场地，刮风、下雨的时候，又不 (2)能 去室外打。有些大学生就在室内的桌子上用书本打着玩儿。后来觉得在桌子上打的时候，网球太重，就发明 (3)了 空心的乒乓球和球拍。当时的球拍中间是空的，两边贴着羊皮纸，打球 (4)的 时候发出“ping-pang”的声音，因此，一个商人把自己生产的球叫作“Ping-Pang”。从那以后，“桌上的网球”有了一个新名字，音译成汉语就成了“乒乓球”。

乒乓球先传到了日本。1904 年，一个中国文具店的老板从日本买了 10 套乒乓球器材运到了上海。和网球比，乒乓球占地小，器材也便宜， (5)所以 很快在中国流行起来，成了一项人们喜爱的体育运动。

Pīngpāngqiú zài Yīngguó dànshēng, shì cóng wǎngqiú fāzhǎnlai de, Ōuzhōurén xiànzài hái bǎ pīngpāngqiú jiàozuò “zhuōshang de wǎngqiú”. Shíjiǔ shìjì mò, wǎngqiú zài Ōuzhōu shífēn liúxíng. Búguò, dǎ wǎngqiú xūyào hěn dà de chǎngdì, guā fēng、xià yǔ de shíhou, yòu bù néng qù shìwài dǎ. Yǒuxiē dàxuéshēng jiù zài shìnèi de zhuōzi shang yòng shūběn dǎzhe wánr. Hòulái juéde zài zhuōzi shang dǎ de shíhou, wǎngqiú tài zhòng, jiù fāmíng le kōngxīn de pīngpāngqiú hé qiúpāi. Dāngshí de qiúpāi zhōngjiān shì kōng de, liǎngbiān tiēzhe yángpízhǐ, dǎ qiú de shíhou fāchū “ping-pang” de shēngyīn, yīncǐ, yí ge shāngrén bǎ zìjǐ shēngchǎn de qiú jiàozuò “Ping-Pang”. Cóng nà yǐhòu, “zhuōshang de wǎngqiú” yǒule yí ge xīn míngzi, yīnyìchéng Hànyǔ jiù chéngle “pīngpāngqiú”.

Pīngpāngqiú xiān chuándàole Rìběn. Yījiǔlíngsì nián, yí ge Zhōngguó wénjùdiàn de lǎobǎn cóng Rìběn mǎile shí tào pīngpāngqiú qìcái yùndàole Shànghǎi. Hé wǎngqiú bǐ, pīngpāngqiú zhàndì xiǎo, qìcái yě piányi, suǒyǐ hěn kuài zài Zhōngguó liúxíngqilai, chéngle yí xiàng rénmen xǐ’ài de tǐyù yùndòng.

訳：卓球はイギリスで生まれ，テニスから発展したものなので，ヨーロッパ人は現在でも卓球を「卓上のテニス」と呼ぶ。(6)19 世紀末，テニスはヨーロッパでかなり流行していた。しかし，テニスをするには広い場所が必要で，風が吹いたり雨が降ったりすると，外ではできない。大学生の中には，室内の机を使い，本で打って遊ぶ人もいた。後に，机でするときはテニスボールだと重すぎるので，中が空洞のピンポン玉とラケットが発明された。当時のラケットは中が空洞で，両面には羊皮紙が貼ってあり，打つときに「ピンポン」という音が出たので，ある商人が自分が作った球を「Ping-Pang」と呼んだ。その後，「卓上のテニス」には新しい名前がつき，中国語の音訳は“乒乓球”になった。

卓球はまず日本に伝わった。1904 年，ある中国の文房具店の社長が日本から 10 セットの卓球用具を購入し，上海に運んだ。テニスと比べ，卓球はスペースが狭く，器材も安いので，すぐに中国でもはやり始め，人々が愛するスポーツの一つになった。

⑴ 空欄補充 (3 点)

① 到 dào　② 有 yǒu　❸ 在 zài　④ 是 shì

卓球がイギリスで誕生したことが述べられているので，ある出来事が行われた場所を表す「…で」という意味の“在”を選びます。“到”は動作の到達点を，“有”は所有を，“是”は「…である」という意味を表します。

(2) 空欄補充 (3点)

❶ 能 néng　② 用 yòng　③ 得 děi　④ 要 yào

文脈から「風が吹いたり雨が降ったりすると外ではできない」という意味になることが分かるので，「(条件的に) …できる」という意味を表す“能”を選びます。“用”は「用いる」，“得 děi”は「…しなければならない」，“要”は「…する必要がある」という意味です。

(3) 空欄補充 (3点)

① 着 zhe　② 完 wán　③ 过 guo　❹ 了 le

文脈から「発明された」という意味になることが分かるので，動作の完了を表す“了”を選びます。“着”は動作の持続・進行を，“完”は動詞の後に用い「…し終える」という意味を，“过”は過去の経験を表します。

(4) 空欄補充 (3点)

① 地 de　❷ 的 de　③ 得 de　④ 着 zhe

「自分が作った球」というように，後ろの“球”を修飾していることが分かるので，名詞を修飾する働きを持つ“的”を選びます。“地”は動詞・形容詞の前に用いて修飾語を作り，“得”は動詞や形容詞の後に用いて結果・程度を表す補語を導き，“着”は動作の持続・進行を表します。

(5) 空欄補充 (4点)

① 为了 wèile　② 因为 yīnwei　③ 如果 rúguǒ　❹ 所以 suǒyǐ

「卓球はスペースが狭く器材も安い→中国で流行し始めた」という流れから，結果・結論を導く“所以”を選びます。“为了”は「…のため」と目的を，“因为”は「…なので」と原因と理由を，“如果”は「もし…なら」と仮定を表します。

⑹ 内容の不一致　(4 点)

① 最早的球拍是用羊皮纸做的。
Zuì zǎo de qiúpāi shì yòng yángpízhǐ zuò de.
最初のラケットは羊皮紙で作られていた。

❷ 19 世纪末流行在室内打网球。
Shíjiǔ shìjì mò liúxíng zài shìnèi dǎ wǎngqiú.
19 世紀末に室内でテニスをすることが流行した。

③ “乒乓”是描写声音的。
“Pīngpāng”shì miáoxiě shēngyīn de.
「ピンポン」は音を描写したものである。

④ 日本的乒乓球运动比中国早。
Rìběn de Pīngpāngqiú yùndòng bǐ Zhōngguó zǎo.
日本の卓球は中国よりも早い。

①は 5 行目の“当时的球拍中间是空的，两边贴着羊皮纸”から，③は 7 ～ 8 行目の“音译成汉语就成了‘乒乓球’”から，④は 9 行目最初の“乒乓球先传到了日本”から一致します。②は 2 行目で“19 世纪末，网球在欧洲十分流行。”とあり，「テニスが流行した」とは述べられていますが，「室内で」とは述べられていないので一致しません。

5 日文中訳　(4 点× 5)

⑴ あなたはあした行きますか，それとも あさって行きますか。
你明天去，还是后天去？ Nǐ míngtiān qù, háishi hòutiān qù?

「…か，それとも…か」のように，どちらか一方の選択を求める選択疑問文は“…，还是…？”を用いて表します。文末に“吗”を付けてはいけません。

⑵ わたしには中国人の友人が 3 人います。
我有三个中国朋友。Wǒ yǒu sān ge Zhōngguó péngyou.

所有を表す動詞“有”を用いて「人＋“有”＋人・モノ」の語順で表現します。人を数える場合の量詞は“个”を用います。「中国人の友人」は“中国朋友”です。“中国人的朋友”とは表現しませんので，気を付けましょう。

⑶ あなたたちはどこで晩ごはんを食べますか。

你们在哪儿吃晚饭？ Nǐmen zài nǎr chī wǎnfàn?

「(場所) で…する」は，介詞“在”を用いて「“在”＋場所＋動詞」とします。「どこ」(場所) を表す“哪儿”“哪里”は疑問詞ですから文末に“吗”を付けてはいけません。“哪儿”“哪里”の代わりに“什么地方”を用いてもかまいません。

⑷ 彼女はきのうテレビを見ませんでした。

她昨天没看电视。 Tā zuótiān méi kàn diànshì.

「…は…しなかった (…したという事実はない)」は「“没(有)”＋動詞(句)」です。時間を表す“昨天”は動詞の前または文頭に置きます。文末に“了”を付けてはいけません。

⑸ きょうは何時に家に帰りますか。

今天你几点回家？ Jīntiān nǐ jǐ diǎn huí jiā?

「何時」は“几点”で，「いつ…する」は時間を表す語を動詞の前に置きます。“今天”と“你”は語順を入れ替えてもかまいません。

4級第107回

(2022年11月)

問　題

解答時間：計100分

配点：リスニング100点，筆記100点

解答と解説

リスニング （⇨解答と解説71頁）

03 **1** ⑴～⑽の問いの答えとして最も適当なものを，①～④の中から１つ選びなさい。

（50 点）

04 ⑴

① ② ③ ④

05 ⑵

① ② ③ ④

06 ⑶

① ② ③ ④

07 ⑷

① ② ③ ④

08 ⑸

① ② ③ ④

09 ⑹

① ② ③ ④

10 ⑺

① ② ③ ④

11 ⑻

① ② ③ ④

12 ⑼

① ② ③ ④

13 ⑽

① ② ③ ④

14 **2** 中国語を聞き，(1)～(10)の問いの答えとして最も適当なものを，①～④の中から１つ選びなさい。 (50 点)

15 22

16 23

(1)～(5)の問いは音声のみで，文字の印刷はありません。

17 (1)

24 ① ② ③ ④

18 (2)

25 ① ② ③ ④

19 (3)

26 ① ② ③ ④

20 (4)

27 ① ② ③ ④

21 (5)

28 ① ② ③ ④

29
36

30
37

31 ⑹ 我做什么工作？
38 ① ② ③ ④

32 ⑺ 我有几个兄弟姐妹？
39 ① ② ③ ④

33 ⑻ 我每天几点去学校？
40 ① ② ③ ④

34 ⑼ 我喜欢看什么电影？
41 ① ② ③ ④

35 ⑽ 我们一家人都喜欢吃什么中国菜？
42 ① ② ③ ④

筆　記 （⇨解答と解説80頁）

1 1．(1)～(5)の中国語①～④の中から，声調の組み合わせが他と異なるものを1つ選びなさい。 (10点)

(1)　① 旅游　② 网球　③ 地铁　④ 小学

(2)　① 时间　② 老师　③ 熊猫　④ 国家

(3)　① 生词　② 中文　③ 新年　④ 面包

(4)　① 颜色　② 啤酒　③ 苹果　④ 人口

(5)　① 医院　② 身体　③ 音乐　④ 书店

2．(6)～(10)の中国語の正しいピンイン表記を，①～④の中から1つ選びなさい。 (10点)

(6) 职员　① zhíyuán　② shíyuán　③ chíyín　④ zhíyuǎn

(7) 护照　① fǔjiào　② fǔzào　③ hùjiào　④ hùzhào

(8) 凉快　① liánguai　② liángkuai　③ liángguai　④ liǎnkuai

(9) 热情　① rèqín　② rùqíng　③ rèqíng　④ rèchéng

(10) 介绍　① qièsào　② jièshào　③ jièxiào　④ qiézhǎo

2 ⑴～⑽の中国語の空欄を埋めるのに最も適当なものを，①～④の中から１つ選びなさい。 (20 点)

⑴ 我想买一（　　　）衣服。

① 张　② 枚　③ 本　④ 件

⑵ 昨天我（　　　）妈妈打电话了。

① 往　② 对　③ 向　④ 给

⑶ 王老师（　　　）手机。

① 不在　② 没有　③ 没在　④ 不是

⑷ 我是昨天回来（　　　）。

① 呢　② 了　③ 的　④ 吧

⑸ 北京站快要到（　　　）。

① 了　② 的　③ 呢　④ 吧

⑹ 她跑（　　　）很快。

① 着　② 了　③ 得　④ 过

⑺ 我（　　　）父母一起去。

① 跟　② 对　③ 在　④ 从

⑻ 我家（　　　）学校很近。

① 在　② 离　③ 对　④ 从

⑼ 你（　　　）抽烟了。

① 不行　② 不是　③ 没　④ 别

⑽ 请你（　　　）说一遍。

① 太　② 还　③ 再　④ 又

3 1．⑴～⑸の日本語の意味に合う中国語を，①～④の中から1つ選びなさい。

(10点)

⑴ きょうはきのうほど寒くありません。

① 昨天没有那么今天冷。

② 今天那么冷没有昨天。

③ 昨天那么冷今天没有。

④ 今天没有昨天那么冷。

⑵ わたしは彼より3歳年上です。

① 他比我三岁大。

② 我比他大三岁。

③ 他大三岁比我。

④ 我三岁比他大。

⑶ あなたはもう昼食は済みましたか。

① 你已经完了吃午饭吗？

② 你已经吃午饭完了吗？

③ 你已经吃完午饭了吗？

④ 你吃午饭已经完了吗？

⑷ きょうは少し早めに寝てください。

① 你今天一点儿睡早吧。

② 你今天一点儿早睡吧。

③ 你睡早一点儿今天吧。

④ 你今天早一点儿睡吧。

⑸ 彼女は中国語を話すのが上手ではありません。

① 她说汉语得不好。

② 她汉语说得不好。

③ 她汉语不说得好。

④ 她不说汉语得好。

2. ⑹～⑽の日本語の意味になるようにそれぞれ①～④を並べ替えたときに，[　　] 内に入るものを選びなさい。 (10点)

⑹ 銀行は郵便局の向かいにあります。

________ ________ [________] ________。

① 对面　② 邮局　③ 银行　④ 在

⑺ 彼女は毎日図書館に勉強しに行きます。

她________ [________] ________ ________。

① 图书馆　② 学习　③ 每天　④ 去

⑻ 李先生はわたしたちに英語を教えてくださいます。

________ ________ [________] ________。

① 教　② 英语　③ 我们　④ 李老师

⑼ 王先生が教室に入ってこられました。

王老师________ ________ [________] ________。

① 教室　② 了　③ 进　④ 来

⑽ わたしはきのう1時間テレビを見ました。

我________ ________ [________] ________。

① 电视　② 一个小时　③ 昨天　④ 看了

4 次の文章を読み，(1)～(6)の問いの答えとして最も適当なものを，①～④の中から1つ選びなさい。 (20点)

我是汉语专业的大学生。今年暑假我和朋友一起去法国和意大利旅游了。

我朋友[(1)]画很感兴趣，我们在法国看了很多名画，朋友还给我介绍了那些画的背景。在法国玩儿了一个星期后，我们去了意大利。在意大利，我们去参观了很多名胜古迹，还吃了很多意大利菜，每天都玩儿[(2)]很愉快。

回国后，我开始学做意大利菜。妈妈说我的意大利菜很好吃。下星期我朋友来我家，我打算做几个菜，给她尝一尝。

在这次旅游中，我还发现了一件很有意思的事情。因为我朋友[(3)]说英语，[(4)]出去的时候都是她说话，我[(5)]旁边听。但是，实际上在当地的很多商店和饭店里，人们常用汉语交流。去欧洲旅游，不[(3)]说英语也没什么问题。

(1) 空欄(1)を埋めるのに適当なものはどれか。

① 对　② 给　③ 向　④ 在

(2) 空欄(2)を埋めるのに適当なものはどれか。

① 地　② 的　③ 得　④ 了

(3) 2か所の空欄(3)を埋めるのに適当な同一の語はどれか。

① 应该　② 要　③ 打算　④ 会

(4) 空欄(4)を埋めるのに適当なものはどれか。

① 所以　② 要是　③ 可是　④ 如果

(5) 空欄(5)を埋めるのに適当なものはどれか。

① 着　② 在　③ 是　④ 有

⑹ 本文の内容と**一致しないもの**はどれか。

① 在法国和意大利有很多人会说汉语。

② 去旅游时我没说英语。

③ 我还没做过意大利菜。

④ 在意大利我们参观了很多有名的地方。

5 ⑴〜⑸の日本語を中国語に訳し，漢字（簡体字）で書きなさい。
（漢字は崩したり略したりせずに書き，文中・文末には句読点や疑問符をつけること。）

（20 点）

⑴ わたしはスーパーで働いています。

⑵ わたしは音楽を聴くのが好きです。

⑶ 姉は手紙を書いているところです。

⑷ 紅茶を飲みますか，それともコーヒーを飲みますか。

⑸ きのうはあまり暑くなかった。

リスニング

1 会話

解答：(1)❷　(2)❶　(3)❸　(4)❷　(5)❹　(6)❷　(7)❶　(8)❸　(9)❹　(10)❷

日常会話でよく使われる問いに対し，正確に答えることができるかどうかを問うています。 (5点×10)

04 (1) 問：你家有几口人？ Nǐ jiā yǒu jǐ kǒu rén? — あなたの家は何人家族ですか。

答：① 我有两个哥哥。 Wǒ yǒu liǎng ge gēge. — わたしには兄が2人います。

❷ 我家有六口人。 Wǒ jiā yǒu liù kǒu rén. — わたしの家は6人家族です。

③ 他有一个姐姐。 Tā yǒu yí ge jiějie. — 彼には姉が1人います。

④ 他家有四口人。 Tā jiā yǒu sì kǒu rén. — 彼の家は4人家族です。

05 (2) 問：这个菜好吃不好吃？ Zhège cài hǎochī bù hǎochī? — この料理はおいしいですか。

答：❶ 这个菜很好吃。 Zhège cài hěn hǎochī. — この料理はおいしいです。

② 这个包不好看。 Zhège bāo bù hǎokàn. — このかばんは見た目が良くありません。

③ 那个菜很便宜。 Nàge cài hěn piányi. — あの料理は値段が安いです。

④ 那个包不太贵。 Nàge bāo bú tài guì. — あのかばんは値段があまり高くありません。

06 (3) 問：你去过美国吗？ Nǐ qùguo Měiguó ma? — あなたはアメリカに行ったことがありますか。

答：① 他没有去过。 Tā méiyou qùguo. — 彼は行ったことがありません。

② 我还没看过。
Wǒ hái méi kànguo.
わたしはまだ見たことがありません。

❸ 我去过一次。
Wǒ qùguo yí cì.
わたしは 1 度行ったことがあります。

④ 他是美国人。
Tā shì Měiguórén.
彼はアメリカ人です。

07 (4) 問：你会开车吗?
Nǐ huì kāichē ma?
あなたは車の運転ができますか。

答：① 我也会游泳。
Wǒ yě huì yóuyǒng.
わたしも泳げます。

❷ 我不会开车。
Wǒ bú huì kāichē.
わたしは車の運転ができません。

③ 我会说汉语。
Wǒ huì shuō Hànyǔ.
わたしは中国語が話せます

④ 我不会做饭。
Wǒ bú huì zuò fàn.
わたしは料理ができません。

08 (5) 問：你姐姐在哪儿学习汉语?
Nǐ jiějie zài nǎr xuéxí Hànyǔ?
あなたのお姉さんはどこで中国語を勉強していますか。

答：① 我姐姐学习很忙。
Wǒ jiějie xuéxí hěn máng.
わたしの姉は勉強が忙しい。

② 她在图书馆工作。
Tā zài túshūguǎn gōngzuò.
彼女は図書館で働いています。

③ 她想去中国旅游。
Tā xiǎng qù Zhōngguó lǚyóu.
彼女は中国へ旅行に行きたいと思っています。

❹ 她在上海学汉语。
Tā zài Shànghǎi xué Hànyǔ.
彼女は上海で中国語を勉強しています。

09 (6) 問：请问，超市在哪儿?
Qǐngwèn, chāoshì zài nǎr?
すみません，スーパーはどこですか。

答：① 我每天去超市。
Wǒ měi tiān qù chāoshì.
わたしは毎日スーパーに行きます。

❷ 超市在前边儿。
Chāoshì zài qiánbianr.
スーパーは前方にあります。

③ 他不在超市。
Tā bú zài chāoshì.
彼はスーパーにはいません。

④ 超市里人很多。
Chāoshì li rén hěn duō.
スーパーには人がおおぜいいます。

10 (7) 問：你喜欢夏天，还是喜欢冬天？
Nǐ xǐhuan xiàtiān, háishi xǐhuan dōngtiān?
あなたは夏が好きですか，それとも冬が好きですか。

答：❶ **我比较喜欢冬天。**
Wǒ bǐjiào xǐhuan dōngtiān.
わたしは冬のほうが好きです。

② 我不喜欢吃饺子。
Wǒ bù xǐhuan chī jiǎozi.
わたしはギョーザが好きではありません。

③ 我们都喜欢看书。
Wǒmen dōu xǐhuan kàn shū.
わたしたちは本を読むことが好きです。

④ 我们经常去旅游。
Wǒmen jīngcháng qù lǚyóu.
わたしたちはよく旅行に行きます。

11 (8) 問：我们明天去游泳，你呢？
Wǒmen míngtiān qù yóuyǒng, nǐ ne?
わたしたちはあした泳ぎに行きますが，あなたは？

答：① 我今天在家学习。
Wǒ jīntiān zài jiā xuéxí.
わたしはきょう家で勉強します。

② 我昨天没写作业。
Wǒ zuótiān méi xiě zuòyè.
わたしはきのう宿題をしませんでした。

❸ **我打算去买东西。**
Wǒ dǎsuan qù mǎi dōngxi.
わたしは買い物に行くつもりです。

④ 那本小说很好看。
Nà běn xiǎoshuō hěn hǎokàn.
あの小説はとてもおもしろい。

12 (9) 問：你每天几点睡觉？
Nǐ měi tiān jǐ diǎn shuìjiào?
あなたは毎日何時に寝ますか。

答：① 我们每天九点上课。
Wǒmen měi tiān jiǔ diǎn shàngkè.
わたしたちは毎日 9 時に授業があります。

② 我每天睡十个小时。
Wǒ měi tiān shuì shí ge xiǎoshí.
わたしは毎日 10 時間寝ます。

③ 我明天八点去学校。
Wǒ míngtiān bā diǎn qù xuéxiào.
わたしはあした 8 時に学校に行きます。

❹ 我大概十点多睡觉。
Wǒ dàgài shí diǎn duō shuìjiào.
わたしはだいたい 10 時過ぎに寝ます。

13 ⑽ 問：你看完那本杂志了吗？
Nǐ kànwán nà běn zázhì le ma?
あなたはあの雑誌を読み終えましたか。

答：① 我想明天休息。
Wǒ xiǎng míngtiān xiūxi.
わたしはあしたは休みたい。

❷ 我还没看完呢。
Wǒ hái méi kànwán ne.
わたしはまだ読み終わっていません。

③ 我还没吃完饭。
Wǒ hái méi chīwán fàn.
わたしはまだごはんを食べ終わっていません。

④ 我喜欢看电视。
Wǒ xǐhuan kàn diànshì.
わたしはテレビを見るのが好きです。

2 長文聴解

解答：(1) ❸　(2) ❷　(3) ❸　(4) ❹　(5) ❶　(6) ❷　(7) ❶　(8) ❹　(9) ❷　(10) ❸

まとまった分量の中国語を理解できるかどうかを問うています。
李さんはおばあさんの誕生日に何かプレゼントを買いたいと思っています。

（5 点 × 10）

15 A：小李，这个星期六来我家吧。　Xiǎo Lǐ, zhège xīngqīliù lái wǒ jiā ba.
B：不行，这个星期六我有事儿。　Bùxíng, zhège xīngqīliù wǒ yǒu shìr.
A：你有什么事儿？　Nǐ yǒu shénme shìr?
B：(1)我要回老家看我奶奶。　Wǒ yào huí lǎojiā kàn wǒ nǎinai.
A：你奶奶多大年纪了？　Nǐ nǎinai duō dà niánjì le?
B：(2)她马上就 95 了。(3)这个星期天是她的生日。　Tā mǎshàng jiù jiǔshiwǔ le. Zhège xīngqītiān shì tā de shēngrì.
16 A：你给她买了什么生日礼物？　Nǐ gěi tā mǎile shénme shēngrì lǐwù?
B：我还没买，买什么好呢？　Wǒ hái méi mǎi, mǎi shénme hǎo ne?

A：天气冷了，(4)给她买一件毛衣吧。	Tiānqì lěng le, gěi tā mǎi yí jiàn máoyī ba.
B：好啊，我今天就去买。	Hǎo a, wǒ jīntiān jiù qù mǎi.
A：你有你奶奶的照片吗？	Nǐ yǒu nǐ nǎinai de zhàopiàn ma?
B：我手机里有。你看，这个穿黑裙子的是我奶奶。	Wǒ shǒujī li yǒu. Nǐ kàn, zhège chuān hēi qúnzi de shì wǒ nǎinai.
A：你奶奶真年轻，她的黑裙子也很漂亮。	Nǐ nǎinai zhēn niánqīng, tā de hēi qúnzi yě hěn piàoliang.
B：(5)那是我姐姐去年给奶奶买的。	Nà shì wǒ jiějie qùnián gěi nǎinai mǎi de.
A：你想给奶奶买什么颜色的毛衣？	Nǐ xiǎng gěi nǎinai mǎi shénme yánsè de máoyī?
B：奶奶喜欢红色，我想买红色的。	Nǎinai xǐhuan hóngsè, wǒ xiǎng mǎi hóngsè de.

訳：

A：李さん，今週の土曜日にわたしの家に来てください。
B：だめです。今週の土曜日は用事があります。
A：どんな用事があるのですか。
B：(1)祖母に会いに実家に帰るのです。
A：おばあさんはおいくつになられるのですか。
B：(2)もうすぐ95歳になります。(3)今週の日曜日は祖母の誕生日です。
A：どんな誕生日プレゼントを買いましたか。
B：まだ買っていないのですが，何を買えばよいでしょうか。
A：寒くなったから，(4)セーターを買ってあげてはどうかしら。
B：いいですね，きょうさっそく買いに行きます。
A：おばあさんの写真はありますか。
B：スマホにあります。ほら，この黒いスカートをはいているのがわたしの祖母です。
A：おばあさんは本当に若くて，黒いスカートもきれいですね。
B：(5)これは姉が去年祖母に買ってあげたのです。
A：あなたはおばあさんに何色のセーターを買いたいと思っていますか。
B：祖母は赤が好きなので，赤いのを買いたいと思います。

17 (1) 問：小李这个星期六要干什么？
Xiǎo Lǐ zhège xīngqīliù yào gàn shénme?
李さんは今週土曜日に何をしますか。

答：① 和朋友去看电影。
Hé péngyou qù kàn diànyǐng.
友達と映画を観に行く。

② 回老家看姐姐。
Huí lǎojiā kàn jiějie.
姉に会いに実家に帰る。

❸ 回老家看奶奶。
Huí lǎojiā kàn nǎinai.
祖母に会いに実家に帰る。

④ 和朋友去买东西。
Hé péngyou qù mǎi dōngxi.
友達と買い物に行く。

18 (2) 問：小李的奶奶今年多大岁数了？
Xiǎo Lǐ de nǎinai jīnnián duō dà suìshu le?
李さんのおばあさんはことしいくつですか。

答：① 快 75 岁了。Kuài qīshiwǔ suì le.　もうすぐ 75 歳。

❷ 快 95 岁了。Kuài jiǔshiwǔ suì le.　もうすぐ 95 歳。

③ 快 90 岁了。Kuài jiǔshí suì le.　もうすぐ 90 歳。

④ 快 79 岁了。Kuài qīshijiǔ suì le.　もうすぐ 79 歳。

19 (3) 問：小李奶奶的生日是哪一天？
Xiǎo Lǐ nǎinai de shēngrì shì nǎ yì tiān?
李さんのおばあさんの誕生日はいつですか。

答：① 下个星期六。Xià ge xīngqīliù.　来週の土曜日。

② 这个星期六。Zhège xīngqīliù.　今週の土曜日。

❸ 这个星期天。Zhège xīngqītiān.　今週の日曜日。

④ 下个星期天。Xià ge xīngqītiān.　来週の日曜日。

20 (4) 問：小李打算给奶奶买什么礼物？
Xiǎo Lǐ dǎsuan gěi nǎinai mǎi shénme lǐwù?
李さんはおばあさんのためにどんなプレゼントを買うつもりですか。

答：① 买一条黑裙子。
Mǎi yì tiáo hēi qúnzi.
黒いスカートを買う。

② 买一件黑毛衣。
Mǎi yí jiàn hēi máoyī.
黒いセーターを買う。

③ 买一个新手机。　　新しいスマホを買う。
Mǎi yí ge xīn shǒujī.

❹ 买一件红毛衣。　　赤いセーターを買う。
Mǎi yí jiàn hóng máoyī.

21 (5) 問：奶奶的裙子是谁买的？　　おばあさんのスカートは誰が買ったのですか。
Nǎinai de qúnzi shì shéi mǎi de?

答：❶ 姐姐去年买的。　　姉が去年買った。
Jiějie qùnián mǎi de.

② 我去年买的。　　わたしが去年買った。
Wǒ qùnián mǎi de.

③ 姐姐今年买的。　　姉がことし買った。
Jiějie jīnnián mǎi de.

④ 奶奶自己买的。　　おばあさんが自分で買った。
Nǎinai zìjǐ mǎi de.

田中由美さんの家族５人それぞれの紹介と，好きな映画や食べ物についてです。

29　我叫田中由美，(6)我在大学教法语。(7)我家有五口人，爸爸、妈妈、一个哥哥、一个妹妹和我。我爸爸是公司职员，妈妈不工作，哥哥是医生，妹妹是大学生。我妈妈每天五点半起床给我们做早饭，(8)我七点半去学校上课，晚上八点回家，回家后大家一起吃晚饭。

30　现在我们一家人住在一起，非常热闹。我们的爱好都是看电影和吃中国菜。我们喜欢看的电影不太一样，爸爸和哥哥喜欢看日本电影，妈妈和妹妹喜欢看韩国电影，(9)我喜欢看美国电影。不过，(10)我们喜欢吃的中国菜都一样，那就是麻婆豆腐和饺子，我们都不喜欢吃面条儿和炒饭。

Wǒ jiào Tiánzhōng Yóuměi, wǒ zài dàxué jiāo Fǎyǔ. Wǒ jiā yǒu wǔ kǒu rén, bàba、māma、yí ge gēge、yí ge mèimei hé wǒ. Wǒ bàba shì gōngsī zhíyuán, māma bù gōngzuò, gēge shì yīshēng, mèimei shì dàxuéshēng. Wǒ māma měi tiān wǔ diǎn bàn qǐchuáng gěi wǒmen zuò zǎofàn, wǒ qī diǎn bàn qù xuéxiào shàngkè, wǎnshang bā diǎn huí jiā, huí jiā hòu dàjiā yìqǐ chī wǎnfàn.

Xiànzài wǒmen yì jiā rén zhùzài yìqǐ, fēicháng rènao. Wǒmen de àihào dōu shì kàn diànyǐng hé chī Zhōngguó cài. Wǒmen xǐhuan kàn de diànyǐng bú tài yíyàng, bàba hé gēge xǐhuan kàn Rìběn diànyǐng, māma hé mèimei xǐhuan kàn Hánguó diànyǐng, wǒ xǐhuan kàn Měiguó diànyǐng. Búguò, wǒmen xǐhuan chī de Zhōngguó cài dōu yíyàng, nà jiù shì mápó dòufu hé jiǎozi, wǒmen dōu bù xǐhuan chī miàntiáor hé chǎofàn.

訳：わたしは田中由美という名前で，(6)大学でフランス語を教えています。(7)わたしの家は５人家族で，父，母，兄が１人，妹が１人にわたしです。父は会社員で，母は働いていません。兄は医者で，妹は大学生です。わたしの母は毎日５時半に起き，わたしたちのために朝食を作ります。(8)わたしは７時半に学校へ行って授業をし，夜８時に帰宅し，帰宅後に皆一緒に夕食を食べます。

今わたしたち一家は一緒に住んでおり，とてもにぎやかです。わたしたち家族全員の趣味は映画を観ることと中国料理を食べることです。わたしたちが好きな映画はまちまちで，父と兄は日本映画が好きで，母と妹は韓国映画が好きで，(9)わたしはアメリカ映画が好きです。でも，(10)わたしたちが好きな中国料理はみな同じで，それはマーボー豆腐とギョーザです。わたしたちはみな麺類とチャーハンが好きではありません。

31 (6) 問：我做什么工作？
Wǒ zuò shénme gōngzuò?
わたしは何の仕事をしていますか。

答：① 司机。Sījī. 運転手。
❷ 老师。Lǎoshī. 教師。
③ 大夫。Dàifu. 医者。
④ 医生。Yīshēng. 医師。

32 (7) 問：我有几个兄弟姐妹？
Wǒ yǒu jǐ ge xiōngdì jiěmèi?
わたしには兄弟姉妹が何人いますか。

答：❶ 一个哥哥和一个妹妹。
Yí ge gēge hé yí ge mèimei.
兄が１人と妹が１人。

② 一个哥哥和一个姐姐。
Yí ge gēge hé yí ge jiějie.
兄が１人と姉が１人。

③ 一个姐姐和一个妹妹。
Yí ge jiějie hé yí ge mèimei.
姉が１人と妹が１人。

④ 一个弟弟和一个妹妹。
Yí ge dìdi hé yí ge mèimei.
弟が１人と妹が１人。

33 (8) 問：我每天几点去学校？
Wǒ měi tiān jǐ diǎn qù xuéxiào?
わたしは毎日何時に学校へ行きますか。

答：① 八点半。 Bā diǎn bàn. ８時半。

② 五点半。 Wǔ diǎn bàn. 5時半。

③ 六点半。 Liù diǎn bàn. 6時半。

❹ **七点半。** Qī diǎn bàn. 7時半。

34 (9) 問：我喜欢看什么电影？ わたしはどんな映画が好きですか。
Wǒ xǐhuan kàn shénme diànyǐng?

答：① 中国电影。Zhōngguó diànyǐng. 中国映画。

❷ **美国电影。** Měiguó diànyǐng. アメリカ映画。

③ 日本电影。Rìběn diànyǐng. 日本映画。

④ 韩国电影。Hánguó diànyǐng. 韓国映画。

35 (10) 問：我们一家人都喜欢吃什么中国菜？ わたしたち一家全員はどんな中国料理が好きですか。
Wǒmen yì jiā rén dōu xǐhuan chī shénme Zhōngguó cài?

答：① 饺子和面条儿。 ギョーザと麺類。
Jiǎozi hé miàntiáor.

② 麻婆豆腐和面条儿。 マーボー豆腐と麺類。
Mápó dòufu hé miàntiáor.

❸ **麻婆豆腐和饺子。** マーボー豆腐とギョーザ。
Mápó dòufu hé jiǎozi.

④ 面条儿和炒饭。 麺類とチャーハン。
Miàntiáor hé chǎofàn.

筆　記

1 ピンイン表記・声調

解答：(1) ❸　(2) ❷　(3) ❹　(4) ❶　(5) ❷　(6) ❶　(7) ❹　(8) ❷　(9) ❸　(10) ❷

1. 2音節の単語の声調パターンが身に付いているかどうかを問うています。声調パターンは97頁の「2音節語の声調の組み合わせ」を繰り返し音読して身に付けましょう。 (2点×5)

(1) ① 旅游 lǚyóu　(旅行)
② 网球 wǎngqiú　(テニス)
❸ 地铁 dìtiě　(地下鉄)
④ 小学 xiǎoxué　(小学校)

(2) ① 时间 shíjiān　(時間)
❷ 老师 lǎoshī　(先生)
③ 熊猫 xióngmāo　(パンダ)
④ 国家 guójiā　(国家)

(3) ① 生词 shēngcí　(新出単語)
② 中文 Zhōngwén　(中国語)
③ 新年 xīnnián　(新年)
❹ 面包 miànbāo　(パン)

(4) ❶ 颜色 yánsè　(色)
② 啤酒 píjiǔ　(ビール)
③ 苹果 píngguǒ　(リンゴ)
④ 人口 rénkǒu　(人口)

(5) ① 医院 yīyuàn　(病院)
❷ 身体 shēntǐ　(身体)
③ 音乐 yīnyuè　(音楽)
④ 书店 shūdiàn　(書店)

2. ピンインを正確に覚えているかどうかを問うています。正しく発音することができるかどうかは，ピンインによるチェックが効果的です。 (2点×5)

(6) 职员（職員）

❶ **zhíyuán** ② shíyuán ③ chíyín ④ zhíyuǎn

(7) 护照（パスポート）

① fǔjiào ② fǔzào ③ hùjiào ❹ **hùzhào**

(8) 凉快（涼しい）

① liánguai ❷ **liángkuai** ③ liángguai ④ liǎnkuai

(9) 热情（親切だ）

① rèqín ② rùqíng ❸ **rèqíng** ④ rèchéng

(10) 介绍（紹介する）

① qièsào ❷ **jièshào** ③ jièxiào ④ qiézhǎo

2 空欄補充

解答：(1)❹ (2)❹ (3)❷ (4)❸ (5)❶ (6)❸ (7)❶ (8)❷ (9)❹ (10)❸

空欄に入る語はいずれも文法上のキーワードです。 (2点×10)

(1) 我想买一（ 件 ）衣服。 わたしは服を1着買いたい。
Wǒ xiǎng mǎi yí jiàn yīfu.

① 张 zhāng ② 枚 méi ③ 本 běn ❹ 件 jiàn

量詞の問題です。上半身に着る衣類は“件”で数えます。“张”は平たいものや張った平面をもつものを，“枚”はメダルなど平らなものであまり大きくないものを，“本”は冊子状のものを数えます。

(2) 昨天我（ 给 ）妈妈打电话了。 きのうわたしは母に電話をしました。
Zuótiān wǒ gěi māma dǎ diànhuà le.

① 往 wǎng ② 对 duì ③ 向 xiàng ❹ 给 gěi

介詞の問題です。“给”は受け手を導く介詞で，“给…打电话”は「…に電話をする」という意味です。“往”は「…の方へ」と動作が向かう方向を，“向”は「…に向かって」と動作の方向を，“对”は「…に対して」と動作の対象を導きます。

(3) 王老师（ 没有 ）手机。　王先生はスマホを持っていません。
Wáng lǎoshī méiyǒu shǒujī.

① 不在 bú zài　❷ 没有 méiyǒu　③ 没在 méi zài　④ 不是 bú shì

所有を表す動詞“有”の否定形は“没有”です。“不在”“没在”は所在を表す動詞“在”の否定形，“不是”は「A“不是”B」で「AはBでない」という意味です。

(4) 我是昨天回来（ 的 ）。　わたしはきのう帰って来たのです。
Wǒ shì zuótiān huílai de.

① 呢 ne　② 了 le　❸ 的 de　④ 吧 ba

助詞の問題です。すでに行われた動作について，「いつ」「どこで」「だれが」「どのように」行ったかを取り立てて説明する場合，“是…的”構文を用います。ここでは「きのう」が強調されています。“呢”は文末に置き動作の進行や持続を，“了”は完了や変化を，“吧”は推測や提案等を表します。

(5) 北京站快要到（ 了 ）。　もうすぐ北京駅に到着します。
Běijīng zhàn kuàiyào dào le.

❶ 了 le　② 的 de　③ 呢 ne　④ 吧 ba

助詞の問題です。“要…了”で「もうすぐ…になる」です。“的”は連体修飾語や“是…的”構文を構成するときに，“呢”は文末に置き動作の進行や持続を表すときに，“吧”は推測や提案等を表すときに用います。

(6) 她跑（ 得 ）很快。　彼女は走るのが速い。
Tā pǎode hěn kuài.

① 着 zhe　② 了 le　❸ 得 de　④ 过 guo

助詞の問題です。動詞と形容詞を繋ぎ，動作の様子や程度がどのようであるかを表す様態補語を構成するのは“得”です。“着”は状態の持続を，“了”は完了や変化を，“过”は過去の経験を表します。

(7) 我（ 跟 ）父母一起去。　　わたしは両親と一緒に行きます。
Wǒ gēn fùmǔ yìqǐ qù.

❶ 跟 gēn　② 对 duì　③ 在 zài　④ 从 cóng

介詞の問題です。動作を共にする相手を導くのは“跟”です。“对”は「…に対して」と動作の対象を，“在”は動作の行われる場所を，“从”は場所や時間の起点を導きます。

(8) 我家（ 离 ）学校很近。　　わたしの家は学校から近い。
Wǒ jiā lí xuéxiào hěn jìn.

① 在 zài　❷ 离 lí　③ 对 duì　④ 从 cóng

介詞の問題です。空間的・時間的隔たりの基点を示す“离”が正解です。“在”は動作の行われる場所を，“对”は動作の対象を，“从”は場所や時間の起点を導きます。

(9) 你（ 别 ）抽烟了。　　たばこを吸うのはやめなさい。
Nǐ bié chōu yān le.

① 不行 bùxíng　② 不是 bú shì　③ 没 méi　❹ 别 bié

「“别”＋動詞」で「…するな」という禁止を表します。“不行”も「だめだ」という禁止を表しますが他の言葉を後に続けることはできません。“不是”は「…ではない」，“没”は「…していない，…していなかった」です。

(10) 请你（ 再 ）说一遍。　　もう 1 度言ってください。
Qǐng nǐ zài shuō yí biàn.

① 太 tài　② 还 hái　❸ 再 zài　④ 又 yòu

副詞の問題です。繰り返す動作がこれから行われる場合は“再”を用います。“太”は「…すぎる，あまりに…だ」，“还”は動作の未完了や状態の持続・未変化を表す「まだ」，“又”は繰り返す動作がすでに行われた場合の「また」です。

3 語順選択

解答：(1)❹　(2)❷　(3)❸　(4)❹　(5)❷　(6)❷　(7)❹　(8)❸　(9)❹　(10)❷

1．文法上のキーワードを含む基本的な文を正確に組み立てることができるかどうかを問うています。　(2 点× 5)

(1) きょうはきのうほど寒くありません。

① 昨天没有那么今天冷。

② 今天那么冷没有昨天。

③ 昨天那么冷今天没有。

❹ **今天没有昨天那么冷。** Jīntiān méiyǒu zuótiān nàme lěng.

「A は B ほど…ではない」という比較文の否定形は「A +“没有”+ B +(“这么／那么”)+形容詞」の語順です。

(2) わたしは彼より 3 歳年上です。

① 他比我三岁大。

❷ **我比他大三岁。** Wǒ bǐ tā dà sān suì.

③ 他大三岁比我。

④ 我三岁比他大。

「A は B よりどれだけ…だ」という比較の表現は「A +“比”+ B +形容詞+差を表す語」の語順で表現します。わたしと彼は「3 歳」の年齢差があるので，“比他”の後に形容詞“大”を用い，差を表す“三岁”をその後に続けます。

(3) あなたはもう昼食は済みましたか。

① 你已经完了吃午饭吗？

② 你已经吃午饭完了吗？

❸ 你已经吃完午饭了吗？ Nǐ yǐjīng chīwán wǔfàn le ma?

④ 你吃午饭已经完了吗？

「もう…した」は“已经…了”の形で表すことができます。「昼食は済みましたか」は「動詞＋結果補語」（昼食を食べ終わりましたか）の形で表されます。目的語がある場合は「動詞＋結果補語＋目的語」の語順です。“已经”は副詞ですから“吃完午饭”という動詞句の前に置きます。

⑷ きょうは少し早めに寝てください。

① 你今天一点儿睡早吧。

② 你今天一点儿早睡吧。

③ 你睡早一点儿今天吧。

❹ 你今天早一点儿睡吧。Nǐ jīntiān zǎo yìdiǎnr shuì ba.

「少し早めに寝る」は形容詞“早”の後ろに“一点儿”を用い，“早一点儿睡”とします。時間詞“今天”は動詞句の前に置きます。“一点儿”は必ず形容詞の後に置きます。「いつ」を表す語は述語となる語より先に置きます。

⑸ 彼女は中国語を話すのが上手ではありません。

① 她说汉语得不好。

❷ 她汉语说得不好。Tā Hànyǔ shuōde bù hǎo.

③ 她汉语不说得好。

④ 她不说汉语得好。

「…のしかたが…だ」は様態補語を使って表現します。“得”を用いて「動詞＋様態補語“得”＋形容詞」，否定形は「動詞＋“得”＋否定詞＋形容詞」で表します。

2. 与えられた語句を用いて正確に文を組み立てることができるかどうかを問うています。 （2点×5）

⑹ 銀行は郵便局の向かいにあります。

③ 银行 ④ 在 ［ ❷ 邮局 ］ ① 对面。

Yínháng zài yóujú duìmiàn.

「人・モノ＋“在”＋場所」の語順で，ある人・モノがある場所に存在していることを表します。

⑺ 彼女は毎日図書館に勉強しに行きます。

她　③ 每天　［　❹ 去　］　① 图书馆　② 学习。

Tā měi tiān qù túshūguǎn xuéxí.

連動文は実際に行う動作の順に動詞（フレーズ）を並べますので“去图书馆学习”とします。また，「いつ」を表す時間詞“每天”は動詞の前に置きます。

⑻ 李先生はわたしたちに英語を教えてくださいます。

④ 李老师　① 教　［　❸ 我们　］　② 英语。

Lǐ lǎoshī jiāo wǒmen Yīngyǔ.

動詞“教”は二重目的語を取ることができます。「誰々に（間接目的語）＋何々を（直接目的語）」の語順です。

⑼ 王先生が教室に入ってこられました。

王老师　③ 进　① 教室　［　❹ 来　］　② 了。

Wáng lǎoshī jìn jiàoshì lai le.

「入ってくる」は「動詞“进”＋方向補語“来”」です。「動詞＋方向補語“来／去”」が場所を表す目的語を伴う場合には，「動詞＋場所＋方向補語“来／去”」の語順をとり，方向補語の“来”または“去”の前に目的語を置きます。“进来”の間に“教室”が割って入ります。

⑽ わたしはきのう１時間テレビを見ました。

我　③ 昨天　④ 看了　［　❷ 一个小时　］　① 电视。

Wǒ zuótiān kànle yí ge xiǎoshí diànshì.

時間詞“昨天”は動詞の前に，時量詞“一个小时”は動詞の後ろに置きます。動作の量を述べる場合は「動詞＋時量補語＋目的語」の語順です。

4 長文読解

解答：(1)❶ (2)❸ (3)❹ (4)❶ (5)❷ (6)❸

まとまった内容の長文を正確に理解できるかどうかを問うています。

我是汉语专业的大学生。今年暑假我和朋友一起去法国和意大利旅游了。

我朋友 (1)对 画很感兴趣，我们在法国看了很多名画，朋友还给我介绍了那些画的背景。在法国玩儿了一个星期后，我们去了意大利。在意大利，我们去参观了很多名胜古迹，还吃了很多意大利菜，每天都玩儿 (2)得 很愉快。

(6)回国后，我开始学做意大利菜。妈妈说我的意大利菜很好吃。下星期我朋友来我家，我打算做几个菜，给她尝一尝。

在这次旅游中，我还发现了一件很有意思的事情。因为我朋友 (3)会 说英语， (4)所以 出去的时候都是她说话，我 (5)在 旁边听。但是，实际上在当地的很多商店和饭店里，人们常用汉语交流。去欧洲旅游，不 (3)会 说英语也没什么问题。

Wǒ shì Hànyǔ zhuānyè de dàxuéshēng. Jīnnián shǔjià wǒ hé péngyou yìqǐ qù Fǎguó hé Yìdàlì lǚyóu le.

Wǒ péngyou duì huà hěn gǎn xìngqù, wǒmen zài Fǎguó kànle hěn duō mínghuà, péngyou hái gěi wǒ jièshàole nàxiē huà de bèijǐng. Zài Fǎguó wánrle yí ge xīngqī hòu, wǒmen qùle Yìdàlì. Zài Yìdàlì, wǒmen qù cānguānle hěn duō míngshèng gǔjì, hái chīle hěn duō Yìdàlì cài, měi tiān dōu wánr de hěn yúkuài.

Huíguó hòu, wǒ kāishǐ xué zuò Yìdàlì cài. Māma shuō wǒ de Yìdàlì cài hěn hǎochī. Xià xīngqī wǒ péngyou lái wǒ jiā, wǒ dǎsuan zuò jǐ ge cài, gěi tā chángyichang.

Zài zhè cì lǚyóu zhōng, wǒ hái fāxiànle yí jiàn hěn yǒu yìsi de shìqing. Yīnwei wǒ péngyou huì shuō Yīngyǔ, suǒyǐ chūqu de shíhou dōu shì tā shuōhuà, wǒ zài pángbiān tīng. Dànshì, shíjìshang zài dāngdì de hěn duō shāngdiàn hé fàndiàn li, rénmen cháng yòng Hànyǔ jiāoliú. Qù Ōuzhōu lǚyóu, bú huì shuō Yīngyǔ yě méi shénme wèntí.

訳：わたしは中国語専攻の大学生です。ことしの夏休みにわたしは友達と一緒にフランスとイタリアへ旅行に行きました。

わたしの友達は絵に興味があるので，わたしたちはフランスでたくさんの名画を観ました。友達はわたしにそれらの絵の背景を紹介してくれました。フランスで１週間遊んでから，わたしたちはイタリアへ行きました。イタリアではたくさんの名所旧跡を訪ね，イタリア料理をたくさん食べて，毎日とても楽しく遊びました。

(6)帰国後，わたしはイタリア料理を習い始めました。母はわたしのイタリア料理はとてもおいしいと言います。来週友達がわたしの家に来るので，いくつか料理を作って彼女に味わってみてもらうつもりです。

その旅行中，わたしはまた面白いことにも気づきました。わたしの友達は英語を話すことができるので，出かけるときはいつも彼女が話し，わたしはそばで聞いていました。しかし，実際には現地の多くの商店やレストランで人々はよく中国語を使って交流をしています。ヨーロッパへ旅行に行くのに，英語が話せなくても別に問題はありません。

⑴ 空欄補充 （3 点）

❶ 对 duì　② 给 gěi　③ 向 xiàng　④ 在 zài

“对”は動作の対象を導きます。“对…感兴趣”で「…に興味がある」です。“给”は受け手を導き「…に，…のために」，“向”は動作の方向を導き「…へ，…に向かって」，“在”は動作の場所を導き「…で」を表します。

⑵ 空欄補充 （3 点）

① 地 de　② 的 de　❸ 得 de　④ 了 le

動詞と形容詞の間に“得”を入れ，様態補語を構成し，動作の様子や程度がどのようであるかを表します。“地”は連用修飾語を，“的”は連体修飾語を構成し，“了”は完了や変化を表します。

⑶ 空欄補充 （4 点）

① 应该 yīnggāi　② 要 yào　③ 打算 dǎsuan　❹ 会 huì

「出かける時は友達が話し，わたしはそばで聞いている」理由を示すものとして，成立するのは“会说英语”，つまり友達が「英語を話すことができる」からです。“应该”は「…すべきだ」，“要”は「…したい，…しなければならない」，“打算”は「…するつもりだ」です。

(4) 空欄補充　(3点)

❶ 所以 suǒyǐ　② 要是 yàoshi　③ 可是 kěshì　④ 如果 rúguǒ

“因为…所以…”は「…なので，ゆえに…」と因果関係を表します。“要是”“如果”は「もし」と仮定を，“可是”は「でも」と逆接を表します。

(5) 空欄補充　(3点)

① 着 zhe　❷ 在 zài　③ 是 shì　④ 有 yǒu

“旁边”は場所を表す語なので動作・行為を行う場所を導く介詞“在”を用い，“在旁边儿”と表します。“着”は動詞の後に置き持続・進行を，“是”は「A＋“是”＋B」で「AはBだ」を，“有”は「場所＋“有”＋人・モノ」で存在を表します。

(6) 内容不一致　(4点)

① 在法国和意大利有很多人会说汉语。
Zài Fǎguó hé Yìdàlì yǒu hěn duō rén huì shuō Hànyǔ.
フランスとイタリアには中国語を話す人がたくさんいます。

② 去旅游时我没说英语。
Qù lǚyóu shí wǒ méi shuō Yīngyǔ.
旅行に行った時，わたしは英語を話していません。

❸ 我还没做过意大利菜。
Wǒ hái méi zuòguo Yìdàlì cài.
わたしはまだイタリア料理を作ったことがありません。

④ 在意大利我们参观了很多有名的地方。
Zài Yìdàlì wǒmen cānguānle hěn duō yǒumíng de dìfang.
イタリアでわたしたちはたくさんの有名な場所へ行きました。

7行目に“回国后，我开始学做意大利菜。妈妈说我的意大利菜很好吃。”とあり，帰国後にイタリア料理を習い始め，母親が「おいしい」と言っていますから，③は内容と合いません。

5 日文中訳

(4点× 5)

(1) わたしはスーパーで働いています。

我在超市工作。Wǒ zài chāoshì gōngzuò.

「(場所) で…する」という場合，介詞“在”を用いて「“在”＋場所＋動詞」とします。

(2) わたしは音楽を聴くのが好きです。

我喜欢听音乐。Wǒ xǐhuan tīng yīnyuè.

「…するのが好きである」は「“喜欢”＋動詞＋(目的語)」の語順で表します。“喜欢”の代わりに“爱”を用いてもかまいません。“欢”“听”“乐”は確実に書けるようにしましょう。

(3) 姉は手紙を書いているところです。

姐姐在写信。Jiějie zài xiě xìn.

進行中であることを表す場合は，動詞の前に“在”を置き「“在”＋動詞 (＋“呢”)」とします。文末に“呢”を置いて表すことも可能です。

(4) 紅茶を飲みますか，それともコーヒーを飲みますか。

你喝红茶，还是喝咖啡？ Nǐ hē hóngchá, háishi hē kāfēi?

「A か，それとも B か」という 2 つの選択肢を“还是”でつなぐ選択疑問文の文型は“A 还是 B ?”です。文末にさらに“吗”を付けてはいけません。「紅茶を飲む」「コーヒーを飲む」は，それぞれ動詞“喝”を用いて“喝红茶”“喝咖啡”としますが，後ろの“喝”は省略してもかまいません。“喝”“咖啡”は日本の漢字との違いに注意が必要です。

(5) きのうはあまり暑くなかった。

昨天不太热。Zuótiān bú tài rè.

形容詞述語文です。「あまり…でない，でなかった」はどちらも「“不太”＋形容詞」です。文末に“了”は付けません。日本語は「暑くなかった」ですが，中国語では「暑くない」というときと同様“热”のみです。“了”は「動作の完了」や「変化」を表すため，この場合は用いませんので注意しましょう。

漢字（簡体字）を正確に

簡体字を書いておぼえましょう。

（　）内は日本の常用漢字です。筆画順に注意しながら書いてみましょう。

簡体字	常用漢字	拼音	画数	なぞり書き
爱	（愛）	ài	10画	爱 爱 爱
办	（辦）	bàn	4画	办 办 办
包	（包）	bāo	5画	包 包 包
贝	（貝）	bèi	4画	贝 贝 贝
备	（備）	bèi	8画	备 备 备
鼻	（鼻）	bí	14画	鼻 鼻 鼻
边	（辺）	biān	5画	边 边 边
别	（別）	bié	7画	别 别 别
冰	（氷）	bīng	6画	冰 冰 冰

步（歩）	bù	丨 ⺊ 𣥂 止 𣥃 𣥄 步	7画	步 步 步
查（査）	chá	一 十 才 木 木 杏 杳 杳 查	9画	查 查 查
差（差）	chà	丶 丷 䒑 兰 兰 𦍌 差 差 差	9画	差 差 差
长（長）	cháng	丿 𠂉 长 长	4画	长 长 长
场（場）	cháng	一 十 土 圴 场 场	6画	场 场 场
车（車）	chē	一 𠂇 车 车	4画	车 车 车
带（帯）	dài	一 十 卄 卅 卅 卅 带 带 带	9画	带 带 带
单（単）	dān	丶 丷 丷 当 当 单 单 单	8画	单 单 单
东（東）	dōng	一 七 车 东 东	5画	东 东 东
对（対）	duì	𠃌 又 对 对 对	5画	对 对 对
发（発）	fā	乚 ナ 方 发 发	5画	发 发 发

宫（宮）	gōng	丶 丶 宀 宀 宀 宀 宀 宫 宫	9画	宫 宫 宫
骨（骨）	gǔ	丨 冂 冂 冎 冎 骨 骨 骨 骨	9画	骨 骨 骨
喝（喝）	hē	丨 冂 口 口 口 口 口 口 喝 喝 喝 喝	12画	喝 喝 喝
画（画）	huà	一 厂 币 币 而 画 画 画	8画	画 画 画
欢（歡）	huān	㇇ 又 又 欢 欢 欢	6画	欢 欢 欢
见（見）	jiàn	丨 冂 贝 见	4画	见 见 见
角（角）	jiǎo	ノ 㔾 ⺈ 角 角 角 角	7画	角 角 角
卷（卷）	juǎn	丶 丷 丷 兰 耂 关 卷 卷	8画	卷 卷 卷
决（決）	jué	丶 冫 冫 江 决 决	6画	决 决 决
乐（楽）	lè	ノ 𠂆 乐 乐 乐	5画	乐 乐 乐
练（練）	liàn	ㄥ 纟 纟 纟 纟 练 练 练	8画	练 练 练

字	拼音	画数	练习
两（両）	liǎng	7画	两 两 两
马（馬）	mǎ	3画	马 马 马
买（買）	mǎi	6画	买 买 买
每（毎）	měi	7画	每 每 每
门（門）	mén	3画	门 门 门
免（免）	miǎn	7画	免 免 免
脑（脳）	nǎo	10画	脑 脑 脑
鸟（鳥）	niǎo	5画	鸟 鸟 鸟
农（農）	nóng	6画	农 农 农
器（器）	qì	16画	器 器 器
铅（鉛）	qiān	10画	铅 铅 铅

字	拼音	画数
浅（浅）	qiǎn	8画
强（強）	qiáng	12画
桥（橋）	qiáo	10画
师（師）	shī	6画
收（収）	shōu	6画
书（書）	shū	4画
岁（歳）	suì	6画
团（団）	tuán	6画
效（効）	xiào	10画
写（写）	xiě	5画
兴（興）	xìng	6画

字		拼音	画数	练习
修	（修）	xiū	9画	修 修 修
压	（圧）	yā	6画	压 压 压
应	（応）	yīng	7画	应 应 应
邮	（郵）	yóu	7画	邮 邮 邮
游	（遊）	yóu	12画	游 游 游
与	（与）	yǔ	3画	与 与 与
真	（真）	zhēn	10画	真 真 真
直	（直）	zhí	8画	直 直 直
钟	（鐘）	zhōng	9画	钟 钟 钟
桌	（卓）	zhuō	10画	桌 桌 桌
着	（着）	zhuó	11画	着 着 着

2 音節語の声調の組み合わせ

中検 4 級および 3 級の試験において，これまでに声調の組み合わせを問う問題として出題された単語の一部を下に掲げる。各組み合わせ 3 語のうち初めの 2 語は名詞，後の 1 語は動詞または形容詞である。繰り返し音読して 2 音節語の声調の組み合わせを身に付けられたい。

1 第 1 声＋第 1 声

☐ 飞机 fēijī　飛行機
☐ 公司 gōngsī　会社
☐ 开车 kāichē　車を運転する

2 第 1 声＋第 2 声

☐ 公园 gōngyuán　公園
☐ 新闻 xīnwén　ニュース
☐ 帮忙 bāngmáng　手伝う

3 第 1 声＋第 3 声

☐ 黑板 hēibǎn　黒板
☐ 铅笔 qiānbǐ　鉛筆
☐ 开始 kāishǐ　始める

4 第 1 声＋第 4 声

☐ 工作 gōngzuò　仕事，業務
☐ 商店 shāngdiàn　商店，店
☐ 关照 guānzhào　世話をする

5 第 1 声＋軽声

☐ 窗户 chuāng·hu　窓
☐ 西瓜 xī·guā　スイカ
☐ 商量 shāng·liang　相談する

6 第 2 声＋第 1 声

☐ 房间 fángjiān　部屋，ルーム
☐ 毛巾 máojīn　タオル
☐ 滑冰 huábīng　スケートをする

7 第 2 声＋第 2 声

☐ 银行 yínháng　銀行
☐ 邮局 yóujú　郵便局
☐ 学习 xuéxí　学習する

8 第 2 声＋第 3 声

☐ 啤酒 píjiǔ　ビール
☐ 苹果 píngguǒ　リンゴ
☐ 游泳 yóuyǒng　泳ぐ

9 第 2 声＋第 4 声

☐ 节目 jiémù　番組
☐ 名片 míngpiàn　名刺
☐ 同意 tóngyì　同意する

10 第 2 声＋軽声

☐ 名字 míng·zi　名前
☐ 朋友 péng·you　友人
☐ 觉得 jué·de　覚える，感じる

〈軽声について〉 軽声になる音節の前にはchuāng·hu（窗户）のように・印を付けてある。xī·guā（西瓜），fù·qīn（父亲）のように・印の後の音節に声調が付いているものは，その音節が場合によって軽声にも非軽声にも発音されることを示している。

11 第3声＋第1声

- ☐ 老师 lǎoshī　（学校の）先生
- ☐ 手机 shǒujī　携帯電話
- ☐ 打工 dǎgōng　アルバイトをする

12 第3声＋第2声

- ☐ 导游 dǎoyóu　旅行ガイド
- ☐ 法国 Fǎguó　フランス
- ☐ 旅行 lǚxíng　旅行する

13 第3声＋第3声

- ☐ 手表 shǒubiǎo　腕時計
- ☐ 水果 shuǐguǒ　果物
- ☐ 洗澡 xǐzǎo　入浴する

14 第3声＋第4声

- ☐ 比赛 bǐsài　競技，試合
- ☐ 领带 lǐngdài　ネクタイ
- ☐ 访问 fǎngwèn　訪ねる

15 第3声＋軽声

- ☐ 耳朵 ěr·duo　耳
- ☐ 眼睛 yǎn·jing　目
- ☐ 喜欢 xǐ·huan　好む，愛する

16 第4声＋第1声

- ☐ 电梯 diàntī　エレベーター
- ☐ 面包 miànbāo　パン
- ☐ 上班 shàngbān　出勤する

17 第4声＋第2声

- ☐ 课文 kèwén　テキストの本文
- ☐ 地图 dìtú　地図
- ☐ 上学 shàngxué　学校へ行く

18 第4声＋第3声

- ☐ 报纸 bàozhǐ　新聞
- ☐ 电脑 diànnǎo　コンピューター
- ☐ 跳舞 tiàowǔ　ダンスをする

19 第4声＋第4声

- ☐ 电视 diànshì　テレビ
- ☐ 饭店 fàndiàn　ホテル
- ☐ 毕业 bìyè　卒業する

20 第4声＋軽声

- ☐ 父亲 fù·qīn　お父さん
- ☐ 豆腐 dòu·fu　豆腐
- ☐ 告诉 gào·su　告げる，知らせる

中国語検定試験について

一般財団法人 日本中国語検定協会が実施し，中国語運用能力を認定する試験です。受験資格の制限はありません。また，目や耳，肢体などが不自由な方には特別対応を講じます。中国語検定試験の概要は以下のとおりです。詳しくは後掲（102 頁）の日本中国語検定協会のホームページや，協会が発行する「受験案内」をご覧いただくか，協会に直接お問い合わせください。

認定基準と試験内容

準4級	**中国語学習の準備完了** 学習を進めていくうえでの基礎的知識を身につけていること。 （一般大学の第二外国語において半年以上，高等学校において一年以上，中国語専門学校・講習会等において半年以上の学習程度。） 基礎単語約 500，日常あいさつ語約 80 から ○単語・語句の発音，数を含む表現，日常生活における基本的な問答及びあいさつ表現の聞き取り ○単語・語句のピンイン表記 ○基礎的な文法事項及び単文の組み立て ○簡体字の書き取り
4　級	**中国語の基礎をマスター** 平易な中国語を聞き，話すことができること。 （一般大学の第二外国語において一年以上の学習程度。） 常用語約 1,000 から ○日常生活における基本的な問答，比較的長い会話文または文章の聞き取りと内容理解 ○単語・語句のピンイン表記・声調 ○基本的な文法事項及び文法事項を含む単文の組み立て ○比較的長い文章の内容理解 ○日本語の中国語訳（記述式）
3　級	**自力で応用力を養いうる能力の保証（一般的事項のマスター）** 基本的な文章を読み，書くことができること。 簡単な日常会話ができること。 （一般大学の第二外国語において二年以上の学習程度。） 常用語約 2,000 から ○日常生活における基本的な問答，比較的長い会話文または文章の聞き取りと内容理解 ○単語・語句のピンイン表記・声調 ○基本的な文法事項及び文法事項を含む単文・複文の組み立て ○比較的長い文章の内容理解 ○日本語の中国語訳（記述式）

2　級	**実務能力の基礎づくり完成の保証** 複文を含むやや高度な中国語の文章を読み，３級程度の文章を書くことができること。 日常的な話題での会話が行えること。 日常生活全般及び社会生活の基本的事項における中国語から ○日常会話及び長文の聞き取りと内容理解 ○長文読解と長文中の語句に関する理解 ○正しい語順と語句の用法，熟語・慣用句を含む語句の解釈 ○長文中の指定語句の書き取り及び指定文の日本語訳（記述式） ○日本語の中国語訳（記述式） ○与えられた語句を用いたテーマに沿った中国語作文（記述式）
準1級	**実務に即従事しうる能力の保証（全般的事項のマスター）** 社会生活に必要な中国語を基本的に習得し，通常の文章の中国語訳・日本語訳，簡単な通訳ができること。 日常生活及び社会生活全般における，新聞・雑誌・文学作品・実用文のほか，時事用語などを含むやや難度の高い中国語から **(一次)** ○長文の聞き取りと内容理解 ○長文中の指定文の書き取り（記述式） ○長文読解と長文中の語句に関する理解 ○語句の用法，熟語・慣用句を含む語句の解釈 ○長文中の指定語句の書き取り及び指定文の日本語訳（記述式） ○比較的長い日本語の中国語訳（記述式） ○与えられた語句を用いたテーマに沿った中国語作文（記述式） **(二次)** ○日常会話，簡単な日本語・中国語の逐次通訳及び中国語スピーチ
1　級	**高いレベルで中国語を駆使しうる能力の保証** 高度な読解力・表現力を有し，複雑な中国語及び日本語（挨拶・講演・会議・会談等）の翻訳・通訳ができること。 日常生活及び社会生活全般における，新聞・雑誌・文学作品・実用文のほか，時事用語などを含む難度の高い中国語から **(一次)** ○長文の聞き取りと内容理解 ○長文中の指定文の書き取り（記述式） ○長文読解と長文中の語句に関する理解 ○語句の用法，熟語・慣用句を含む語句の解釈 ○長文中の指定文の日本語訳（記述式） ○比較的長い日本語の中国語訳（記述式） ○与えられた語句を用いたテーマに沿った中国語作文（記述式） **(二次)** ○難度の高い日本語・中国語の逐次通訳

日程と時間割

準４級，４級，３級，２級及び準１級の一次試験は３月，６月，11 月の第４日曜日の年３回，１級の一次試験は 11 月の第４日曜日の年１回実施します。

一次試験は次の時間割で実施し，午前の級と午後の級は併願できます。

午前			午後		
級	集合時間	終了予定時間	級	集合時間	終了予定時間
準４級	10:00	11:15	４　級	13:30	15:25
３　級		11:55	２　級		15:45
準１級		12:15	１　級		15:45

準１級と１級の二次試験は，一次試験合格者及び一次試験免除者を対象に，一次が３月・６月の場合は５週間後，一次が 11 月の場合は翌年１月の第２日曜日に実施します。（協会ホームページに日程掲載）

受験会場

全国主要都市に約 30 か所，海外は４か所を予定しています。二次試験は，原則として Zoom によるオンラインで実施します（2023 年４月現在）。

受験料（税込）

郵送またはインターネットで受付けます。

準４級	４　級	３　級	２　級	準１級	１　級
3,500 円	4,800 円	5,800 円	7,800 円	9,800 円	11,800 円

（2023 年４月現在）

出題・解答の方式，配点，合格基準点

級	種類	方式	配点	合格基準点
準４級	リスニング	選択式	50 点	60 点
	筆　記	選択式・記述式	50 点	
４　級	リスニング	選択式	100 点	60 点
	筆　記	選択式・記述式	100 点	60 点
３　級	リスニング	選択式	100 点	65 点
	筆　記	選択式・記述式	100 点	65 点

2　級	リスニング	選択式	100 点	70 点
	筆　記	選択式・記述式	100 点	70 点
準1級	リスニング	選択式・記述式	100 点	75 点
	筆　記	選択式・記述式	100 点	75 点
1　級	リスニング	選択式・記述式	100 点	85 点
	筆　記	選択式・記述式	100 点	85 点

・解答は，マークシートによる選択式及び一部記述式を取り入れています。また，録音によるリスニングを課し，特に準1級・1級にはリスニングによる書き取りを課しています。

・記述式の解答は，簡体字の使用を原則としますが，2級以上は特に指定された場合を除き，簡体字未習者の繁体字使用は妨げません。ただし，字体の混用は減点の対象とします。

・4級～1級は，リスニング・筆記ともに合格基準点に達していないと合格できません。準4級は合格基準点に達していてもリスニング試験を受けていないと不合格となります。

・合格基準点は，難易度を考慮して調整することがあります。

二次試験内容

準1級は，面接委員との簡単な日常会話，口頭での中文日訳と日文中訳，指定されたテーマについての口述の3つの試験を行い，全体を通しての発音・イントネーション及び語彙・文法の運用能力の総合的な判定を行います。10～15分程度。合格基準点は 75 点／100 点

1級は，面接委員が読む中国語長文の日本語訳と，日本語長文の中国語訳の2つの試験を行います。20～30 分程度。合格基準点は各 85 点／100 点

一般財団法人 日本中国語検定協会

〒103-8468　東京都中央区東日本橋 2-28-5 協和ビル

Tel：03-5846-9751　Fax：03-5846-9752

ホームページ：http://www.chuken.gr.jp

E-mail：info@chuken.gr.jp

試験結果データ（2022年度実施分）

L：リスニング　W：筆記　口試1：中文日訳　口試2：日文中訳

第106回	準4級	4級	3級	2級	準1級	準1級二次	1級一次	1級二次
		L / W	L / W	L / W	L / W	口試	L / W	口試1/口試2
合格基準点	60	60(55)/60(55)	65(50)/65(50)	70(60)/70(60)	75(70)/75(70)	75	−	−
平均点	69.5	61.3/69.8	49.4/56.9	54/55.4	58.1/61.3	90.3	−	−
志願者数	1,026	1,632	2,170	1,114	409	69	−	−
受験者数	901	1,427	1,898	992	373	61	−	−
合格者数	672	837	741	271	64	59	−	−
合格率	74.6%	58.7%	39.0%	27.3%	17.2%	96.7%	−	−

第107回	準4級	4級	3級	2級	準1級一次	準1級二次	1級一次	1級二次
		L / W	L / W	L / W	L / W	口試	L / W	口試1/口試2
合格基準点	60	60/60	65/65	70/70	75(70)/75(70)	75	85/85	85/85
平均点	66.0	72.4/68.8	71.7/66.7	72.6/70.9	59.7/59.4	87.1	77.5/70.7	74.4/75.1
志願者数	2,316	2,441	2,517	1,316	447	81	249	32
受験者数	2,057	2,146	2,182	1,197	409	78	236	30
合格者数	1,360	1,387	1,087	575	79	74	23	13
合格率	66.1%	64.6%	49.8%	48.0%	19.3%	94.9%	9.7%	43.3%

※　二次志願者数には，一次試験免除者を含みます。

※　合格基準点欄（　）内の数字は，難易度を考慮して当該回のみ適用された基準点です。

A　第　　　回　準4級　解答用紙

受験番号							
会場							
氏名							

記入例

良い例	悪い例

（小さすぎたり，はみだしたり，うすすぎたりしないように。）

マーク欄全体を塗りつぶしてください。

1 リスニング

	1	2	3	4
(1)				
(2)				
(3)				
(4)				
(5)				
(6)				
(7)				
(8)				
(9)				
(10)				
(11)				
(12)				
(13)				
(14)				
(15)				

2 リスニング

	1	2	3	4
(1)				
(2)				
(3)				
(4)				
(5)				
(6)				
(7)				
(8)				
(9)				
(10)				

3 筆記

	1	2	3	4
(1)				
(2)				
(3)				
(4)				
(5)				
(6)				
(7)				
(8)				
(9)				
(10)				
(11)				
(12)				
(13)				
(14)				
(15)				

4 筆記

			点数
(1)	a	b	
(2)	a	b	
(3)			
(4)			
(5)			

B　第　　　回　4級　解答用紙

受験番号							
会場							
氏名							

記入例

良い例	悪い例

（小さすぎたり，はみだしたり，うすすぎたりしないように。）

マーク欄全体を塗りつぶしてください。

リスニング

1

(1)	1	2	3	4
(2)	1	2	3	4
(3)	1	2	3	4
(4)	1	2	3	4
(5)	1	2	3	4
(6)	1	2	3	4
(7)	1	2	3	4
(8)	1	2	3	4
(9)	1	2	3	4
(10)	1	2	3	4

2

(1)	1	2	3	4
(2)	1	2	3	4
(3)	1	2	3	4
(4)	1	2	3	4
(5)	1	2	3	4
(6)	1	2	3	4
(7)	1	2	3	4
(8)	1	2	3	4
(9)	1	2	3	4
(10)	1	2	3	4

筆記

1

(1)	1	2	3	4
(2)	1	2	3	4
(3)	1	2	3	4
(4)	1	2	3	4
(5)	1	2	3	4
(6)	1	2	3	4
(7)	1	2	3	4
(8)	1	2	3	4
(9)	1	2	3	4
(10)	1	2	3	4

2

(1)	1	2	3	4
(2)	1	2	3	4
(3)	1	2	3	4
(4)	1	2	3	4
(5)	1	2	3	4
(6)	1	2	3	4
(7)	1	2	3	4
(8)	1	2	3	4
(9)	1	2	3	4
(10)	1	2	3	4

3

(1)	1	2	3	4
(2)	1	2	3	4
(3)	1	2	3	4
(4)	1	2	3	4
(5)	1	2	3	4
(6)	1	2	3	4
(7)	1	2	3	4
(8)	1	2	3	4
(9)	1	2	3	4
(10)	1	2	3	4

4

(1)	1	2	3	4
(2)	1	2	3	4
(3)	1	2	3	4
(4)	1	2	3	4
(5)	1	2	3	4
(6)	1	2	3	4

5

		点数
(1)		
(2)		
(3)		
(4)		
(5)		

カバーデザイン：トミタ制作室

音声ストリーミング，ダウンロード

中検準4級・4級試験問題2023［第106・107回］解答と解説

2023 年 4 月 22 日　初版印刷
2023 年 4 月 28 日　初版発行

編　者　一般財団法人 日本中国語検定協会
発行者　佐藤和幸
発行所　白 帝 社

〒 171-0014　東京都豊島区池袋 2-65-1
TEL 03-3986-3271　FAX 03-3986-3272
info@hakuteisha.co.jp　http://www.hakuteisha.co.jp/

印刷 倉敷印刷（株）／製本（株）ティーケー出版印刷

Printed in Japan　〈検印省略〉　6914　ISBN978-4-86398-549-0

＊定価はカバーに表示してあります。